LÉO FERRÉ

DU MÊME AUTEUR

Le Roi des rats (préface de Léo Ferré), Gallimard, 1965.

Nibergue, Gallimard, 1969.

Le Vide-ordures (avec Paul Castanier), Éditions P.-J. Oswald, 1975.

Trois plus une (collectif), Azergues, 1975.

Le Dernier Mandrin (avec Jean-Baptiste Buisson), Grasset, 1977.

Le Tombeau des jaloux, Fil d'Ariane Éditeur, 2000.

MAURICE FROT

LÉO FERRÉ

Comme si j'vous disais

préface de Louis-Jean Calvet

l'Archipel

Crédits photographiques :
Marie-Christine Ferré, Éliane Fourastié, Geneviève Vanhaecke, François Brunet, Hubert Grooteclaes, Patrick Ulmann et photos X (d.r.).

Dessins de Maurice Frot.

La première édition de cet ouvrage a paru en 2001 chez Fil d'Ariane Éditeur sous le titre *Je n'suis pas Léo Ferré*.

www.editionsarchipel.com

Si vous souhaitez recevoir notre catalogue et être tenu au courant de nos publications, envoyez vos nom et adresse, en citant ce livre, aux Éditions de l'Archipel,
34, rue des Bourdonnais 75001 Paris.
Et, pour le Canada, à
Édipresse Inc., 945, avenue Beaumont,
Montréal, Québec, H3N 1W3.

ISBN 978-2-8098-0030-2

Il y eut le mal-aimé
Il y a la Non-Nommée
À qui ces pages sont dédiées…

… dédiées aussi,
ça va de soi,
à Angie-Ariane

Préface

Il y a sur un coin de ma bibliothèque une photo de Maurice Frot, de profil, l'air pensif, soupesant de loin, de haut, sa ville, Decazeville. À côté j'ai mis une carte postale proclamant, en rouge sur fond noir, « ni Dieu ni maître ». Tout un programme, le sien. Ses racines d'une part, qu'il a rageusement réduites en pièces à la hache, dans ses écrits de bûcheron, ses choix d'autre part. Il est sur cette photo comme je l'ai connu pendant plus de trente ans, massif : un roc. Un roc qui a fini par se déliter. Près de la mort qu'il sentait venir et espérait peut-être, il travaillait à la réédition de ce livre. Dans son repaire du boulevard Sébastopol, nous en discutions souvent, à chacune de mes visites et jusqu'à quelques jours avant la fin. Et j'ai sous les yeux vingt et une pages manuscrites, de son écriture ronde que j'aime, vingt et une pages que j'ai scrupuleusement respectées. Il avait tout relu, tout prévu, et j'ai simplement ajusté quelques passages dans lesquels l'insertion de ce qui était, dans la première édition, en note, créait quelques répétitions. Voilà donc pour le texte. Il est corrigé, amendé, mais j'ai en toutes choses respecté ce que l'auteur avait prévu. J'y ai même laissé une erreur que je rectifie ici. Au chapitre 18, Maurice raconte que c'est moi qui l'avais branché sur Krivine, que nous habitions dans le même immeuble du XIVe arrondissement, etc. Les choses se sont passées de façon un peu différente. J'habitais bien dans le XIVe mais je ne sais absolument pas où vivait Krivine. En revanche, contacté par Maurice qui avait des problèmes de service d'ordre pour les galas de Léo, j'avais trouvé le lien avec la Ligue communiste, et Krivine avait arrangé les choses. Quant à mon divorce, il ne s'est pas tout à fait passé comme il le raconte, mais cela importe peu.

Le dernier des vingt et un feuillets qu'il a laissés, le seul que je n'ai pu intégrer dans le texte, se présente ainsi :

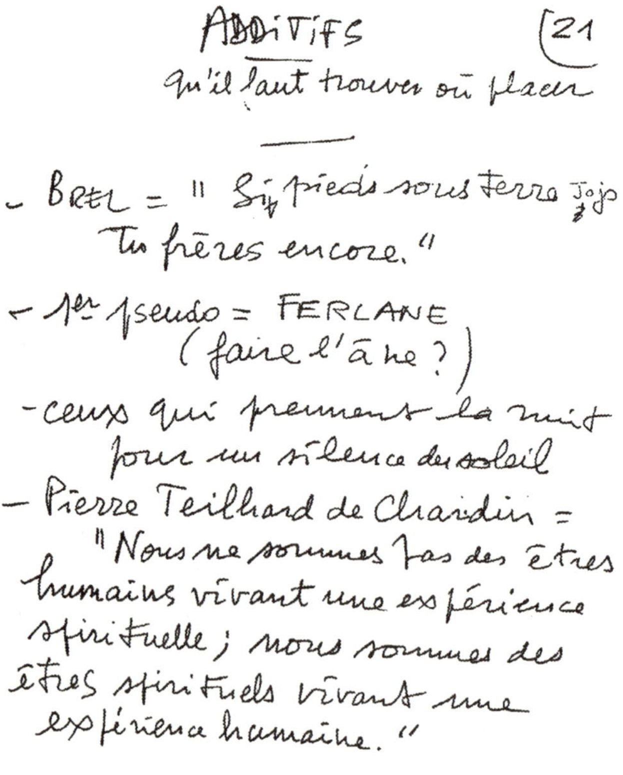
ADDITIFS (21
qu'il faut trouver où placer

- Brel = " Six pieds sous terre Jojo
Tu frères encore. "
- 1er pseudo = FERLANE
(faire l'âne ?)
- ceux qui prennent la nuit
pour un silence du soleil
- Pierre Teilhard de Chardin =
" Nous ne sommes pas des êtres
humains vivant une expérience
spirituelle ; nous sommes des
êtres spirituels vivant une
expérience humaine. "

N'ayant pas trouvé où les placer, je propose donc ici au lecteur ces « additifs », dans leur graphie originale.

Venons-en à ce livre.

Lorsqu'en 1956 Maurice pénètre dans l'univers de Léo, il travaille dans une boîte de contreplaqué, commercial non fanatique et anarchiste dans l'âme, la révolte chevillée au corps.

Parmi les rares notes de ce livre qu'il avait prévu de « sucrer », on trouve celle-ci :

Je passe une journée à Albi avec mon amie de cœur Nathalie Sayous afin de préparer (au pastis !) notre soirée « Rencontre avec... » au Théâtre de la Croix-Blanche que dirige son compagnon Richard Massoutier, soirée qui sera montée sur son initiative le 1er avril 1999 – l'année-omelette pleine de n'œufs !

Celle qui, sur scène, sera ma tortionnaire a potassé l'énorme dossier que lui a confié notre ami commun Denys-Paul Bouloc, archiviste de l'Association des écrivains du Rouergue. C'est lui qui nous a présentés aux précédentes Journées Poésie de Rodez – où je donnais dans l'angoisse une matinée « Thank you Ferré » –, et sur l'instant entre elle et moi : flash !

Elle a devant elle un bloc avec une liste de dix mille questions. Tout y passe : et ma jeunesse et l'Indochine et Ferré et mes fêtes politiques et le Printemps de Bourges et mes Spectacles en prison, bref ma vie, mon œuvre, mes joies et mes emmerdes !

Bien entendu, on finit par en arriver à l'incontournable anarchie – dont elle n'a jamais autant entendu parler, dit-elle, en m'avouant n'y connaître que lape.

Alors j'y vais de mes Proudhon, Bakounine, Kropotkine, Pouget, Louise Michel... mais j'suis pas prof de sociologie, moi ! Si je l'ai vécue à ma façon, l'anarchie, j'en ai jamais fait un fromage.

Ferré, lui, du plus fond de ses tripes, il y baignait. Sans même le connaître il avait fait sien le vieux slogan libertaire « Vivre et jouir sans entrave » – et ce sera sa ligne de conduite.

L'anarchie, qu'il a dit le mec, et écrit et proclamé, est la plus haute définition de l'autre – l'anarchie il en a dit tant et plus, toujours avec justesse, avec sa grâce inimitable. On est toujours du bon côté quand on est avec ceux qui souffrent la persécution et l'injustice... Si, dans l'Histoire, il n'y avait pas eu quelques gusses, très peu, pour dire non, on en serait encore à gambader dans les arbres... Divine anarchie, adorable anarchie, tu n'es pas un système, un parti, une référence, mais un état d'âme. Tu es la seule invention de l'homme, et sa solitude, et ce qui lui reste de liberté. Tu es l'avoine du poète.

Après ces quelques références à ton idole, pour en finir, Natalia mia, je te le répète : sache que pour ma part je ne me suis jamais posé en anarchiste – mot qui contient en germe, même légitimes, agressivité et violence.

Pour l'inconditionnel Macoute, le libertaire individualiste qu'il a été toute sa putain de vie est d'abord un altruiste. Un optimiste (la pensée positive ! n'oublie jamais) qui s'entête à croire à l'amour universel, à la richesse intérieure, à ne vouloir regarder qu'au-dessous de la surface des choses – c'est-à-dire au-dessus.

Tout est dit. Deux libertaires se rencontrent donc en 1956. L'un sait déjà qu'il est musicien et poète, que sa voie est dans sa voix, l'autre se croit poète et dessinateur et ne sait pas encore quel remarquable prosateur il sera, romancier parfois difficile à lire, intransigeant avec la langue. S'ensuivront dix-sept années de collaboration fraternelle, dont ce livre rend compte à sa façon, dans cette langue inimitable grâce à laquelle j'entends la voix de Maurice chaque fois que je le lis. Une voix de conteur, la voix d'un homme qui aimait faire partager ce qu'il savait, ses expériences de la Résistance, de la guerre d'Indochine, une recette de cuisine, la construction des cathédrales, la pêche à la morue... Car il en savait des choses, Maurice, et en particulier sur Léo. D'où l'aspect irremplaçable de cet ouvrage, qui nous livre tout chaud, parfois tout cru, son témoignage de première main sur les frangins et les frangines comme il disait, Léo, Popaul, Richard, le Kid, la Comtesse, d'autres encore...

Je suis pour ma part arrivé bien plus tard dans cette fine équipe. En octobre 1971. Macoute en raconte les circonstances, *La Cause du peuple*, « Le conditionnel de variétés », la distribution du journal dans la salle de Bobino : « Demandez *La Cause du peuple* ! »... Je l'ai aussi raconté, en d'autres termes :

« Je téléphone à Bobino. Je tombe sur Félix Vitry, le propriétaire des lieux, lui expose mon projet, il me dit qu'il ne peut rien faire, qu'il faudrait rappeler le soir, demander Maurice Frot. Lui, je connaissais son nom, j'avais lu son premier roman, Le Roi des rats, *parce qu'il était préfacé par Ferré, justement, et j'avais aimé cette écriture forcenée, ce verbe du désespoir, et ce spectre de l'Indochine, moi qui avais milité contre la guerre d'Algérie... Frot, donc, que j'appelle et qui, sans s'émouvoir outre mesure ni me demander d'où je sors, me donne rendez-vous le lendemain : "Tu passes par la porte qui donne sur la cour, tu arrives*

aux loges..." J'y arrive, donc. Il y avait là Maurice, Popaul, Léo et le Kid, autrement dite Geneviève, la copine de Maurice à l'époque, qui était photographe, j'y reviendrai. Léo, à qui j'entreprends donc de vendre ma salade [...]. *Léo, donc, me dit : "D'accord, mais il faut en parler à Vitry." Lequel Vitry, convoqué illico dans la loge, donne tout de suite son accord et m'emmène même dans la salle pour me montrer le fauteuil qu'occupe chaque jour le flic chargé de la surveillance. "On ne sait jamais, il pourrait essayer d'intervenir, surveillez-le." Le surlendemain, Léo interprète donc « Le conditionnel de variétés » avec une conviction toute particulière et, sitôt le rideau tombé, nous sommes une dizaine à nous lever, répartis aux quatre coins de la salle : "Demandez* La Cause du peuple *! Demandez* La Cause du peuple *!" Ce retour rapide à la réalité, cette traduction concrète d'une chanson aura, il faut le dire, un certain succès...*

C'est donc ainsi que j'ai rencontré Léo, revu quelques jours plus tard pour une interview qui sortira dans Politique Hebdo, *nouvelle publication à laquelle je collaborais, et revu encore et encore, chaque fois qu'il passait par Paris, puis en Bretagne, où j'avais alors une maison, en Avignon ou chez lui, en Italie. Ce qui nous mènera à quelques coups fumants, dont un gala dans les Halles de Paris en démolition ou six heures d'émission une nuit de la Saint-Sylvestre sur les ondes de France Culture, et à une longue fâcherie*[1]*... »*

J'ai ainsi rencontré dans le même instant deux des hommes qui auront le plus compté dans ma vie. Laissons Léo de côté, Maurice en parle mieux que moi,

1. Louis-Jean Calvet, *Léo Ferré*, Flammarion, 2003.

avec une connaissance de l'intérieur, une empathie assez rare et sans complaisance. Quant à lui, je n'ai jamais connu quelqu'un d'aussi fidèle en amitié et qui, par le trait (de crayon, d'esprit, de plume...), pouvait à ce point restituer un pote. Il suffit de lire dans ce livre ce qu'il écrit de Popaul ou de Richard, de Marie, de Léo bien sûr, et même de Madeleine, dont il n'a pourtant pas que du bien à dire. Maurice était un mélange étonnant : grande gueule, prompt parfois au coup de poing, et en même temps empreint d'une extrême délicatesse. Tête de cochon, quelquefois rancunier, mais l'œil rieur, le cœur attentif à l'autre, grognon à l'occasion mais accueillant toujours. Avec ses sèches, sa moustache, sa tignasse, il était un de mes repères. Sans doute ne le savait-il pas : il m'est souvent arrivé, loin de lui, de me demander ce qu'il penserait, ce qu'il me conseillerait lorsque j'étais dans la merde.

J'ai prononcé devant son cercueil quelques mots, des mots simples :

« Qui est-ce qui va maintenant m'appeler "mon petit Louis-Jean" ? Qui est-ce qui va me parler de la révolte des marins de Cronstadt ? De Marius Jacob et de travailleurs de la nuit ? Qui est-ce qui va me raconter l'histoire des couteaux de Laguiole, celle des cathédrales ? Et qui va m'expliquer comment on cultive les asperges ?

Tu savais tout ça et bien plus encore, tu regardais ce monde avec une distance un peu ironique et une curiosité insatiable. Et tu disais "comment j'te dirais ça", ou "comment j'vais t'dire ça", avant de te lancer dans une longue explication.

Je t'appelle Maurice, je t'appelais souvent Momo, d'autres t'appelaient Macoute, trois M, comme on aime... Tu avais plusieurs noms mais un seul cœur, un cœur énorme, et qui t'a pété à la gueule. [...] *Tu voulais être seul, mais c'est raté, Momo, nous sommes là. D'autres sont ailleurs mais pensent à toi. J'ai reçu un message de Maxime Le Forestier, qui ne peut être là, un autre de Georges Moustaki, du fond d'une île grecque, qui disait « pensée pour Maurice », un autre encore d'un de tes voisins de Château-Landon qui avait lu* Libé *et voulait partager sa peine avec quelqu'un, moi en l'occurrence, et puis Daniel Colling, qui te pleure dans son coin de travail. Tu as raté ton coup, Momo, on est tous là, même les absents.*

Si tu rencontres Popaul, ou Léo, ou Richard, même si je n'y crois pas beaucoup, embrasse-les de notre part à tous. Et, mon salaud, je ne te pardonnerai jamais d'être parti sans m'avoir dessiné le portrait que tu m'avais promis.

Allez, salut camarade. »

Je n'ai rien à ajouter. Sauf une chose : lisez ce livre, il est précieux.

Louis-Jean Calvet

Préambule

Léo Ferré, l'homme qui a décidé de mon destin, le « maître » qui m'a appris la parole écrite, l'incroyable brasseur d'idées dont le souffle anime désormais mon langage. Sans cesse aux aguets, mon attention toujours tendue saisissait avidement sa parole d'or. Notre connivence était sans limites, l'un recevant de l'autre le feu sacré.

Pour l'amour de ce sacré Léo, pour moi toujours sacré, et pour la vérité de notre jeunesse folle, je tiens à ajouter un feuillet à tant de feuilles publiques.

Face à ces noms de Dieu de gloses et que j'te glose, à ces cuistres d'ouvrages enseignementesques, à ces biographies truquées, j'avais mon mot à dire : un témoignage intime de sentiment.

Les six premières lignes,
d'après mon ami Robert Belleret
à qui je les ai chourées.
Mais chut ! il n'en saura rien.

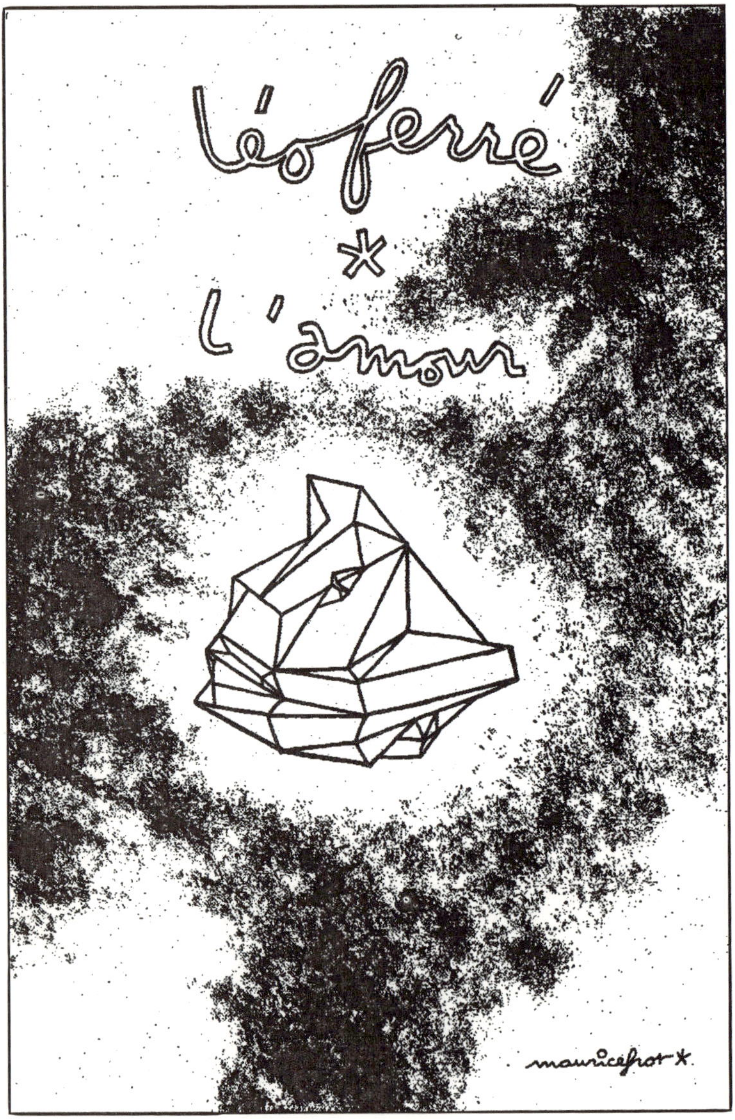
léoferré
*
l'amour
mauricefrot*

1

LA RAYMONDE

Le destin !...
Pour tous les deux, l'heure était venue.

Thérèse Chasseguet

Sur invite tombée du ciel, le 26 juin 1956 se pointe chez les Ferré, au 28 du boulevard Pershing à Paris, celui qu'on est encore très loin d'appeler *Tonton Macoute.*

La porte rouge, l'affiche au saint-bernard, c'est bien là.

Olpec, le mec, costume gris très classe, cravetouse et rasé de frais s'il te plaît. Mais... *miseria de Dio* ! ayant sonné, il s'avise qu'il a oublié de boutonner sa braguette !

*

Merci à Raymonde – Raymonde Faucher mon épouse, la mère de mes deux enfants Dominique et Barbara, deux accidents d'avant pilule –, à celle qui avait fait le pari fou de tirer de son noir labyrinthe (où le tenaient enfermé les remords des atrocités vues et commises) l'empiégé de cette pute de guerre d'Indochine.

Merci « la Raymonde » – comme, gentiment, nos enfants et moi l'appelions –, c'est sur ton initiative que le futur Macoute va embarquer pour un nouveau voyage : ce 26 juin de 1956 va marquer pour lui un irréversible changement de galaxie.

Oui, « la femme est bien l'avenir de l'homme » !

*

Elle partageait mon attrait pour les chansons hors du commun de ce Léo Ferré découvert à la radio – chaque soir plongé dans mes travaux dessinatoires et pour la distraction à l'écoute – par la voix de Renée Lebas et de Catherine Sauvage.

Avec passion et grande curiosité nous étions allés l'écouter à l'Olympia – on était sans un, mais « on se contente d'un sandwich et on se paie des promenoirs » –, récital accompagné par les musiciens maison (« l'orchestre de fosse »).

Dans la foulée, soirée anar au Moulin de la Galette à Montmartre. Autrement plus classieuse ! Avec au piano Jean-Michel Defaye, Jean Cardon à l'accordéon et à la guitare Barthélemy Rosso, trois futures pointures.

Providentiel hasard ? Non, camarade, non : le destin ! (Le vlà, çui-là, qui se pointe.) À l'occasion d'un gala de soutien pour la Fédération anarchiste à la Mutualité, ça traîne pas : l'année suivante, dans *Le Monde libertaire*, Suzy Chevet (compagne de Maurice Joyeux, le « patron » des anars, organisatrice toute-puissante de ces délirants spectacles patchwork), pour présenter Léo Ferré, vedette de la soirée, pond un très substantiel article où elle conte par le menu – voyons, Suzy, ça s'fait pas ! – son équipée boulevard Pershing, dans ce quartier à la ramasse because promis aux bulldozers (périf' oblige), en quête de ce 28 à la porte rouge affichée d'un saint-bernard.

La Raymonde tombe là-dessus et, toujours expéditive, ne fait ni une ni deux – ç'allait très mal entre nous... au bord de la rupture... je ne suis hélas pas fait pour la vie de couple – : elle embarque mes deux recueils de poèmes à la machine tapés par elle, par moi illustrés de dessins à la plume et par un pote reliés toile, *Baguenaudages* et *Le Rat dans la lanterne* – hé hé ! le rat, déjà... prémonitoire ? – dans la lanterne, tu m'as compris : dans la tronche.

Vaillante, Raymonde, elle va sonner à la porte rouge.

Denise, la bonne :

— Ils sont pas là. Mais, vos bouquins, laissez-les-moi...

— C'est que... mon mari n'est pas au courant...

— Ben revenez dans deux trois jours...

Ce qu'elle fait, la chouchine, sans m'en toucher mot.

Et qui lui ouvre la porte ? Léo soi-même.

— Entre donc, qu'on parle un peu... J'ai lu, et ton mec, je veux le connaître. Vous venez dîner demain soir. D'accord ?

Ce soir-là, large sourire, triomphe la Raymonde :

— Demain on dîne chez les Ferré !

— Ah oui ? Et après-demain chez le pape ?

*

À peine braguette close, ouvre Léo :

— Je n'ai pas de tapis rouge, mais c'est tout comme.

Il nous fait grimper à l'étage, vaste salle à piano et, des tableaux, plein. Mon cœur bat très fort. Voici donc l'antre du poète.

Qui tout de suite se saisit, et les brandit, des deux volumes de mes poèmes.

Un court instant il hésite, puis se lance :

— J'ai tout lu, passionné... Comment te le dire sans te faire trop de mal ?... Voilà : faut te faire une raison, t'es pas Rimbaud. Mais t'as la plume, t'as la tchatche, t'as à nous bonnir des tas de trucs terribles qui te clouent... Écris donc un bouquin, s'il te plaît, un vrai... Bien sûr, je sais que pondre dix lignes sur un coin de table et s'atteler à enchaîner des kilomètres de pages c'est loin d'être le même boulot. Mais t'inquiète, je t'aiderai... Promis.

Il sourit :

— Par contre, j'ai flashé dur sur tes dessins. Comme j'ai l'intention d'éditer et d'imprimer moi-même mes « petits formats », accepterais-tu de me les illustrer ? Oui ? Alors on se quitte plus !

Bien des années plus tard, une certaine Thérèse Chasseguet – durant près de quinze ans l'assistante chez Barclay de Richard Marsan, cet exceptionnel directeur artistique qui a couvé Léo durant sa grande époque, elle-même devenue très proche de Ferré –, Thérèse me dira :

— Il avait reconnu en toi la plume, tes deux plumes, l'écriture et le dessin.

*

Son épouse Madeleine – ouh-la-la ! un personnage très très présent !... trop ? je vois tout de suite qu'avec amour fou elle le tient sous sa coupe... « Un couple, a dit Oscar Wilde, c'est n'être qu'un, mais lequel ? » –, un être solaire, pétillant d'esprit et de cœur si généreux ! toujours vêtue dans des nuances de mauve (sa couleur fétiche), celle qui deviendra tout de suite ma frangine très intime, ma complice aussi, et durant des années… jusqu'à ce que ça pète, et sérieux ! Madeleine avait déjà enregistré (sur un de ces ventrus appareils d'alors, celui-là même qui, dix années après, recueillera ses *Mémoires d'un magnétophone*) quelques-uns de mes maladroits poèmes et, toujours enthousiaste, les avait fait écouter la veille même de notre dîner mémorable à un Breton pour peu de temps encore leur ami – l'André n'a pas apprécié, mais pas du tout du tout ? Eh bien il n'a pas tardé à se barrer dans les étoiles voir de laquelle de leurs plumes écrivaient, mieux que moi, les anges. C'est en novembre 1955 que Ferré enregistre huit chansons nouvelles parmi lesquelles figure « L'amour », chanson dont s'entiche Benjamin Péret – l'âme damnée du surréalisme – et qu'il sélectionne dans son *Anthologie de l'amour sublime*. André Breton fait paraître « L'amour » – texte et partition manuscrite – dans le premier numéro de sa revue *Le Surréalisme*, même avec un commentaire dithyrambique.

Dès lors Breton devient l'ami proche, l'hôte assidu des Ferré. À tel point qu'avant même de prendre connaissance du recueil de poèmes que termine Léo, *Poètes, vos papiers !*, dans l'enthousiasme – « Léo Ferré, un poète de génie dont la rose m'embrase le cœur » – il s'engage à en rédiger la préface.

À peu de temps de là, il est reçu dans la demeure fleurie de Nonancourt (la nouvelle acquisition du couple, village de Notre-Dame-des-Puits, en Normandie). Le soir venu, il emporte le manuscrit dans sa chambre, « la chambre rouge », et, au matin : « J'ai dormi dans une cerise… ». Mais, tout de suite, à Léo : « Même en danger de mort, ne faites jamais paraître ce livre. »

Rupture.

Dans la rage, Léo plonge dans sa propre préface, celle que l'on connaît, inspirée, quel bonheur ! par cette déconvenue très très mal vécue.

*

L'été qui suit – mon ménage est au bord du gouffre, pour la première fois la Raymonde est partie seule en vacances avec notre petit Domi de fiston –, solitaire, peinard et si joisse de ce qui m'arrive là, je rentre bille en tête dans le taffe. Me lance à rédiger sous ce premier titre de *La guerre est finie* mes souvenirs d'Indo et à me fendre sur quatre dessins : d'abord « La fortune », puis « Le guinche », enfin « Pauvre Rutebeuf » et « Le temps du plastique ». Une bonne trentaine de dessins suivront – je travaille plume et encre de Chine sur film Kodatrace.

Maquette de Maurice Frot pour l'album *La Nuit*.
Déjà présent le hibou violonneux, très souvent reproduit en tête des partitions de Léo Ferré.

En dehors de l'album *Verlaine et Rimbaud* qu'on connaît, de mon portrait de Léo en « mauvaise graine » repris pour le programme du Vieux Colombier (qui a l'honneur de figurer dans *La Grande Encyclopédie* Larousse) et des illustrations de mon livret *Léo, forgeron de l'enfer* du coffret Barclay *L'Œuvre poétique de Léo Ferré*, j'ai sur sa demande à plusieurs reprises graffinié pour lui. Ainsi, jamais publiées, la pochette de l'album *La Nuit*, opéra-ballet et, à Pech-Rigal, sur une chronique de ses débuts qu'il avait alors entrepris de rédiger, *Les Années blêmes*, toute une série de petits personnages mi-hommes mi-bêtes, de la mule sourde au lierre aux mains d'étrangleur – un tarsier, petit lémurien aux yeux proéminents.

Et voici venue la Bretagne. C'est l'année précédente qu'à Costaérès, sur la côte de granit rose, Ferré a rencontré la vraie mer.

Mi-île mi-presqu'île, édifié sur une avancée de rocs face à Perros-Guirec, le château de Costaérès est un faux médiéval bâti en 1892, mais qui a assez de gueule pour inspirer le romancier polonais Henryk Sienkiewicz (prix Nobel 1905) qui a écrit là son célèbre *Quo vadis ?*

En 1958, m'y vlà reçu avec ma Raymonde et mes deux mioches, dont la pitchounette Barbara que Léo se fait un devoir et un plaisir de baigner chaque jour dans un creux de rocher.

Chaque jour aussi, accompagnés du bon gros chien Arkel, nous embarquons, Léo et moi, le canote – comme on prononce ici – pour jeter ou lever le filet.

C'est lors d'une de ces parties de pêche que notre trémail ramène une roussette.

— Tiens, un chien de mer ! que je m'exclame, plutôt fier de ramener ma science d'ancien et fugitif marin-pêcheur.

— Quoi ? Un Arkel ? Refous-le vite à l'eau !
Il en tirera l'inoubliable
Rappelle-toi ce chien de mer
Que nous libérions sur parole...

Les trois clébards ayant destroy un canapé et bousillé une porte, la probloc va te virer vite fait les Ferré : « Plus jamais ! Votre meute, j'en veux plus chez moi ! »

Manquer de Bretagne ? Ah ah que nenni ! D'où l'impérieuse nécessité de trouver un autre point de chute océanique... et ce sera Guesclin.

Les Ferré rentrent en fin d'été pour assister, à la Comédie de Paris, à la première du spectacle de ballets du maître balayeur Roland Petit qui a commandé et produit *La Nuit*, feuilleton lyrique de Léo Ferré...

La tasse ! Cette première est aussi une dernière. Car se déchaîne aussitôt la criticature : « Quoi ? Du verbiage sur un ballet ? C'est la fin du monde ! » Et hop, exit *La Nuit*. Atteint en plein cœur, Léo s'en rend malade – présent à la sortie, dans la foule, j'ai pourtant vu de mes yeux vu un Charlie Chaplin souriant aux anges.

*

Si nos quatre premiers petits formats sont donnés à imprimer à un pro – noir et rouge, les couleurs de l'anarchie ! –, pour la suite nous n'allons pas tarder à assumer le toutime, comme des grands que nous sommes.

Léo s'offre une offset de bureau et la valoche à pondre les plaques gravées, matos qu'on installe en son grenier – que, pour ma part, j'habille de panneaux contreplaqués d'acajou perforé chouravés à ma boîte gagne-pain (pourquoi ne pas le dire franco ? « Voler la société n'est pas voler », disait mon père… et puis y a prescription !), plus une tapée d'étagères de bois, volé de même, où stocker notre prod'.

Tout est en place, nous vlà imprimeurs. Trois quatre soirs la semaine, jusqu'à des très tard on se plonge dans notre boxif.

C'est dit, on se quitte plus !

LÉO FERRÉ
La fortune

2

L'ÉCHARPE ROUGE

La vie de l'homme
L'empreinte d'une oie sauvage sur la neige
Envolé, l'oiseau est déjà loin.

Su Dopong

L'existence terrestre de l'être humain n'est rien d'autre qu'une écharpe de laine tricotée main. Plus ou moins longue : la machine humaine n'est-elle pas conçue pour rouler cent ans ?

Papa-maman s'étant chargés des premières aiguillées, on ne dira jamais assez que du soin porté à chaque point de leur tricot va dépendre le fini de l'ouvrage – et trop souvent ce sera : hélas !

La suite ? De rif ou de raf, le pitchoun hominien devra apprendre à se la tricoter soi-même, son écharpe, rang après rang – aidé en cela, il est vrai, par tant et tant d'autres, plus ou moins positifs ou enfoirés qui, avec son consentement ou pas, prendront en main les aiguilles.

Prétendre évoquer la vie d'un homme, c'est se préparer à défaire ce tricot en tirant délicatement sur le brin de laine – avec une infinie patience car ne manquent pas ces putains de nœuds qu'il faut désembricoler sans casser le fil – pour en arriver enfin à rondir la pelote qui sera le bouquin.

Ferré, le cache-nez qu'il s'est tricoté vaille que vaille c'est, porté comme elle sur mise noire, l'écharpe rouge de Louise Michel, la Vierge rouge de la Commune.

*

Petite note cruelle.

Les enfants choyés ne feront pas forcément des hommes heureux, les bons parents fabriquant trop souvent des policés, des soumis, des tièdes ou des insolents.

Les mauvais parents, eux, sans le savoir, sans le vouloir, construisent parfois l'insoumis : par contre-pied le refus, la liberté assumée : heu-reux !

« Il faut quelquefois se promener au bord de l'abîme. Même si je descends jusqu'en enfer, le bras de Dieu est assez long pour m'en retirer », a dit Julien Green.

Et Xavier Forneret : « Dieu punit l'homme de ses fautes en le laissant vivre... » Et que chacun s'en débrouille au mieux...

*

Je ne crois pas qu'on puisse être l'historien de sa propre histoire : on va pas passer son temps à se palucher sur sa chienne de vie qu'on connaît trop – ou qu'on croit connaître ! (La postérité s'en chargera peut-être... si ça l'amuse.)

C'est du kif-kif pour ce qui concerne le Ferré dont j'ai si longtemps partagé la vie. Une biographie peaufinée, j'en connais un qui s'y est attelé avec un talent et un savoir-faire que je n'ai nulle envie d'affronter, j'ai nommé mon pote Robert Belleret[1]. À propos de

---

1. *Léo Ferré, une vie d'artiste*, Actes Sud, 1996.

ce bouquin-somme, je l'ai écrit, je persiste et je signe : après lui, on s'rhabille ! Je n'ai d'ailleurs pu m'empêcher de lui emprunter sans vergogne des précisions oubliées et des brassées de petits bijoux d'expressions bien de sa veine.

Moi, pour servir la mémoire de Léo, ce sera tout connement (hé hé ! je la connais, moi aussi, la recette du « pain perdu » !) un patchwork de mes écrits ferréens ou pas, de commentaires dus à mon mauvais esprit, de réponses à ces grosses têtes qui, sur le sujet, m'ont fait bondir, mais d'abord des événements et des aventures que je m'autorise à raconter – pas tous, et encore sur la pointe des pieds ! – tels qu'à ses côtés je les ai vécus, mais toujours vus de l'intérieur, c'est là l'important.

*

Au seuil de cette entreprise – qui, ça me pend au nez, me voue aux pires emmerdements – je ne peux m'empêcher de me poser un tas de questions…

Si j'étais malhonnête – avec moi-même et surtout avec lui –, je saurais parfaitement par quel bout la prendre, mon affaire. Je n'aurais qu'à enfiler perles, faits, écrits, pensées, anecdotes, bref toutes les chères singularités de la vie et de l'œuvre de ce poète, à me laisser enliser dans de plates et rose-bonbon « promenades enchantées avec le divin, le tendre Léo », un somptueux ouvrage, une momification…

Ah ! pas de ça, camarade !

On va se choper notre Ferré à nous, cette montagne sur les routes et sentiers de laquelle – caillasses noires et blancs edelweiss – on va errer au petit bonheur la chance, hauts et bas et travers et vertiges : la ligne droite étant exclue, on zigue on zague par les ravines, on revient dix fois sur ses pas, on se ramasse et on se reprend – comme lui j'adore les chemins de traverse.

Mais gare ! Envahi que je suis par des trucs-machins-chouettes pas toujours présentables, je marche sur des œufs…

*

Comment me risquer à plonger dans ces souvenirs intimes qui trop m'envahissent ?

Comment conter sans bavures, ressurgissant de ma mémoire, les merveilleuses gentianes et la couleur qu'avait alors le ciel, la singulière vie qui a été la mienne aux côtés de ce génie, mon inconditionnel attachement pour cet homme de chair et d'esprit ?

Comment oser franchir cette sacro-sainte frontière qui sépare l'espace public, ouvert aux gloses journalistiques, de l'intimité interdite à leur voyeurie ?

Discrétion oblige… Le sentiment, en se laissant aller, de livrer au grand jour – et aux fauves – un secret, une part de soi-même qui appartient à un autre. Par ailleurs, bien des pudeurs absurdes ont défiguré tant de biographies… Des lumières en habits d'historien qui ont pondu des chiées d'hagiographies et, en face, moi l'amateur, résolu à ne pas tricher avec l'ardoise…

Bon, assez pleurniché, à toi de jouer mon Macoute, il est temps ! Déjà l'an 2000 et quelque, nous vlà dans l'ère du Verseau (sur le pastis ?), ça rigole plus.

*

C'est comme si j'entreprenais d'écrire l'astronomie secrète de ma mère… Ses comètes et leurs routes, d'où les tiendrais-je ? On n'invente pas les comètes, ou bien c'est plus la peine… Et puis, dans mes pognes le télescope magique, comment trouver le courage de le franchir, ce trop souvent pesant con et con mur de la pudeur ? – qui, entre nous deux Léo, n'a jamais existé.

L'homme public, le Ferré-néon, il est là dans cette valoche bourrée de coupures de journaux, quarante années lumière noire d'articles et cons potins à radidi et radada, un quintal d'encre.

En colonne par quatre alignés, ces mots glaves ou flagornes j'en veux point à ma plume. Mais des mots de salive, qui est notre encre intime et d'amitié – je parle au présent, mon Léo est toujours là –, des mots d'avant les vents de sable du temps qui usent, nivellent, estompent, idéalisent, pour dire l'homme debout, l'homme seul, pour dire le souffle du musicien et les battements de cœur du poète qui travaille l'amour, comme d'autres le bois ou le cuivre, avec des mains terriblement humaines.

La pudeur, que c'est bête !

Prendre sur soi. Dépasser ce complexe à la godille qui a fait que, dans celle de mes vies dites alimentaires, j'ai longtemps évité de prononcer son nom, parce qu'il me semblait, ô vanité, que c'était un peu le mien.

Non, je n'suis pas Léo Ferré.

Je ne suis pas Léo Ferré, certes. Mais… Ferré ?

Bien que né en Aveyron de mère rouergate, jusqu'à mon paternel, c'est à Château-Landon en Gâtinais que naissent les Frot. Ville royale, à sa grande époque se dresse un couvent-maladrerie sur les bords de la rivière Fusain, face à son pont à péage dit en gallo-romain Pontus-Ferraltus : il est le passage obligé des charrois livrant le minerai de fer aux bas-fourneaux de Ferrières.

Un jour, en ma casbah à week-ends me rend visite… un curé ! Oh ! pas un cureton ordinaire, la grande classe, notre très ancien pote liégeois Henri Lambert, jésuite prof de philo – très attaché à lui, Léo disait : Mon seul copain curé !

On pastague, on se marre, je le trimballe pedibus à la rencontre de l'Histoire… et nous voilà rendus au fameux pont – si le couvent est ruiné, pas lui. Je lui conte Pontus-Ferratus, devenu au fil des siècles Pont-Ferreault, Pont-Ferraut, Pont Fraut et enfin Pont-Frot – et c'est bien de là que viennent mes ancêtres, j'ai retrouvé les papelards qui l'attestent. Stoppant sec, Henri me prend le coude et, sérieux, zyeux dans zyeux :

— Que me dis-tu là ? Sais-tu que la signification exacte de Pontus-Ferraltus est Pont-Ferré ? ! !

3

LA NIGREDO[1]

C'est Dieu qui a créé le monde,
mais c'est le Diable qui le fait vivre.

Tristan Bernard

« Thank you Satan... »

Sacré Léo ! Ce salut, tu le lui devais bien, au Malin – le premier révolté... et contre qui, mon Dieu !

C'est lui qui a bâti la charpente spirituelle de l'homme que tu es, toujours lui qui a inspiré ta plume de « poète maudit » – comme on dit.

Il n'y a pas d'art sans la collaboration du démon. C'est dans le noir que le diamant jette son plus bel éclat.

— J'ai fait mes déshumanités chez les frères des Écoles chrétiennes. Il ne m'en reste rien. J'ai réussi à m'en débarrasser.

Que tu dis !... Et le péché, camarade, qu'est-ce t'en fais ?

Ce qu'il t'en reste, c'est ton attirance, ta fascination, même – tout intellectuelle, il va sans dire – pour ce piment qui nourrira ton œuvre.

---

1. D'après *Thank you Ferré*, Livret du long box 3CD, Barclay-Universal, 1998.

Il est clair que, par péché, tu n'entends guère que luxure. Qu'on sache, toi (suivez mon regard... pourrais-je en dire autant ?), tu n'as ni tué ni volé. Envie, paresse, gourmandise, hors *la pasta asciutta*, bof... Mais la luxure ! – le seul des sept qui rime avec brûlure.

Grand innocent tu es, peu le savent, qui se voudrait pervers, et d'une telle noirceur lumineuse que toutes les femmes l'aimeraient, dans le péché, pour se précipiter en elles comme à des vengeances et tout détruire : l'amour et lui-même.

Transgression, voilà ton nom. Transgression, le mot qui te résume tout entier – et tu le sais bien, non ?

*

En toute conscience, ce « tu le sais bien » : le verbe Ferré ne se conjugue qu'au présent – on va tout de même pas tomber dans le piège de la nécro ! Ceux qui t'ont connu, aimé, ne s'attardent pas sur ces fichus derniers moments de ton existence terrestre (qui, tous autant que nous sommes, nous accableront le jour venu). La mort fait partie de la vie.

Pour plusieurs générations de cœurs fidèles, à qui tu as insufflé l'enthousiasme et l'espoir, tu es toujours là (« Thank you Ferré »), même si c'est de ton fameux ailleurs que tu leur parles, leur souris depuis tes étoiles.

« Ailleurs », gamin tu y étais déjà.

« Ailleurs » a toujours été ton seul point d'ancrage, comme si tu n'acceptais de partager le pain de notre vie que par politesse. Quelqu'une (qui te comprenait fort, tu le savais, et fort t'aime encore) a dit de toi : « Il n'a jamais atterri qu'il s'est envolé. »

Et toi-même : « Je ne suis pas d'ici, je fais semblant. »

*

Un petit Léo tout neuf se pointe le 24 août 1916 – lui qui jamais ne touchera à un seul cheveu d'une mouche, le jour de la Saint-Barthélemy !

Pour point de chute, son étoile a choisi Monaco, ville d'opérette – hé ! tout le monde n'a pas la chance de voir le jour comme mézig dans un trou paumé de l'Aveyron noir...

Mais c'est à quelques encablures de là, au collège Saint-Charles de Bordighera, en Italie, que, par extrêmes convictions religieuses, à huit ans l'encage son père – Ferré Léo, Albert, Charles, Antoine, matricule 38.

Élevé dans les conventions, bien qu'écrasé, étouffé, effacé, le petit pensionnaire est trop conditionné pour se rebeller. Huit années durant, sous la férule, il file doux.

En apparence !

Car, tout de suite, avec le don de pas être là et de sourire sa vie en dedans, il apprend à être deux : Lui et l'Autre – ce qu'il sera toute sa vie.

Lui, noir, dans sa caboche, il bout déjà de hargne tranquille et à la juste température.

À l'Autre, rose, d'offrir au monde le masque du cher petit ange.

*

L'internat, c'est l'école du libertaire : on en sort révolté à jamais... ou dans la bétaillère. Sous la pression d'une discipline de fer, ici réglée par la rigueur ecclésiastique qui dramatise au quotidien l'enfermement – et, sans même en rajouter sur les « sévices » évoqués dans *Benoît Misère*, son roman presque autobiographique, dont la phrase dernière en dit long : « On venait d'enterrer Misère ; quand il se réveilla, c'était un homme. » –, germe peu à peu, et bientôt l'envahit la jubilation de la désobéissance.

Benoît Misère paraît en 1970 chez Robert Laffont. C'est l'amie Claude Sarraute, journaliste au *Monde* qui, lors d'un déjeuner dans un resto de l'île Saint-Louis, tout près de chez elle, va présenter à Léo son époux Jean-François Revel, directeur de collection (aujourd'hui membre de l'Académie française).

Sur son coup de fil, Revel se pointe au café – en guise de café, lui, un ballon de beaujolpif ! –, Revel qui, d'entrée, sur l'écriture entreprend Léo, l'incite à mettre enfin un point final à ce manuscrit presque oublié, en rade depuis quelque quinze piges.

Finalement – c'est le cas de le dire –, y manquait quoi ? Ce que Léo, fouetté au vif, rapporte peu après de son Italie et me lit dès son arrivée, content de lui, à la terrasse du bistrot du pont Louis-Philippe.

Le ton a changé, on baigne dans l'onirisme. C'est étrange, c'est beau.

— Je t'apporte ce matin mon enfant de longtemps. Celui que je me suis fait, tout seul, qui me ressemble.

Presto, il remet, tout fiérot, son vieux bébé à Jean-François Revel. Peu après, armé d'un dico, carré au fond de la bagnole, durant toute une tournée, j'en corrigerai les épreuves.

Jean-François Ricard, alias Revel, second époux de Claude Sarraute, fille de Nathalie Sarraute qu'on ne présente plus, une première fois mariée au fils de Tristan Tzara.

De l'union de Jean-François Revel avec la peintre Yahne Le Tourmelin naîtront une fille, Ève, et un fils,

Matthieu. Converti au bouddhisme, le moine Matthieu Ricard vit au monastère tibétain de Shéchèn. Il a connu la notoriété comme interprète en France du dalaï-lama et grâce à son ouvrage aux photos magnifiques : *Moines danseurs du Tibet* (Albin Michel, 1999).

Léo a réédité depuis son roman dans sa propre édition : Edizioni Gufo del Tramonto, aujourd'hui Éditions La mémoire et la mer.

Puisqu'ils dégueulent tant le Mal, ces hommes noirs qui l'oppriment, lui, il va faire du Mal son ami, son frère.

Ah ! les yeux du Bien quand le Mal est beau...

Go ! c'est décidé : « Deviens ce que tu es » – selon ce sublime cinglé de Nietzsche si cher à son cœur qui pleure en étreignant le cheval battu de Turin. Et selon Cocteau : « Ce que les autres te reprochent, cultive-le : c'est toi. »

À propos de Nietzsche, souvent cité, il faut savoir que c'est le 3 janvier 1889 à Turin, la fameuse scène où Nietzsche voit un pauvre vieux cheval de fiacre méchamment rossé par son cocher. Il se jette aussitôt à son cou (au bourrin complètement cuit, pas au bourreau... peut-être cuit lui aussi !), tout pleurant l'embrasse et l'embrasse... Avant de s'écrouler, frappé d'apoplexie. C'est fini, le voilà définitivement frappadingue. Jusqu'à son envolée pour les étoiles, le 25 août 1900, tel un enfant, il vivra à Weimar auprès de sa sœur.

*

Jubilation, tout autant, de la désobéissance aux contraintes : l'anarchie, répétera-t-il à longueur de vie, c'est la négation de toute autorité, d'où qu'elle vienne.

S'ajoutant au rejet des faux frères, existe une seconde source qui alimente le futur torrent fou de sa révolte :

Joseph, son père – d'origine piémontaise, né à Nice d'un cocher de fiacre –, Joseph est un très brave homme, plutôt pète-sec bien que pétillant d'humour, d'une religiosité stricte – on ne dit pas encore intégriste – et braqué sur la discipline : un directeur du personnel du casino, ça rigole pas !

À la maison, Léo, Lucienne son aînée de deux ans, comme maman Marie-Charlotte, couturière et Monégasque, tout ce petit monde marche au pas. Et marchent droit l'enfant, puis l'ado, et jusqu'au presqu'homme qui s'écrase encore.

Facile : lui il n'est pas là, à son masque de jouer – s'y trompent, en adoration, la flopée de tantes dont Léa sa marraine.

Son paternel, s'il en parle peu, il l'a gros sur la patate. Surtout depuis certaine corrosive missive à propos, justement, de « Thank you Satan » : « Tu déshonores notre nom, heureusement nous reste ta sœur. »

Faut dire – il en convient et, riant jaune, se complaît à se gifler lui-même – qu'à l'âge où tout singe humain « normal » a cessé de dépendre les andouilles, lui, peinard dans son monde tout bruissant d'ailes folles, il s'en remet à l'Autre, le tout rose, qui en fait souvent un peu trop. Témoin l'histoire cent fois dans un pauvre sourire racontée :

Il a vingt-deux ans quand, par un soir d'été – s'il est encore à c't'heure dans les rues c'est qu'en petit garçon il vient, demain départ en vacances familiales, de confier à une tante la cage au serin –, à la terrasse d'un café-dansant, ayant avisé une copine, il s'offre de tourner avec elle une valse – très comme ça, à distance.

Ils gambillent gentiment, quand on lui tape sur l'épaule. Il se retourne : son père ! Qui, gueule en biais, sans un mot et d'un geste du pouce lui indique le chemin de la maison.

— J'ai lâché, c'est le mot, la fille, et je l'ai suivi. À vingt-deux ans ! Je m'en suis voulu toute ma vie.

Voilà donc le pourquoi du comment du Ferré qu'on connaît. On peut le dire ? Merci les bons pères, merci Monsieur Jo.

*

Surbrillant élève, sans bavure son bac à Rome, philo à Monaco, et bonjour Paris ! Enfin libre ! Il prépare son droit et Sciences-Po – faut bien, papa l'exige.

Aïe aïe aïe ! Que pèse la tristos étude des lois face à la passion qui le dévore : la musique ! la musique ! la musique !...

Où l'a-t-il rencontrée, cette si envoûtante belle dame, après tant d'années toujours aussi désirable ?

Dans un salon de thé de Bordighera, où sa mère est venue, pour un après-midi, le tirer de son cachot. La radio y diffuse la *Cinquième* de Beethoven... qu'il découvre, pétrifié. La première grande émotion de sa vie ! Devant son chocolat, il en pleure.

De ce jour, durant que le masque amuse la galerie, lui en sa tête il se donne tout entier à inventer des musiques. Dans le train du week-end, sur le rythme des rails, il conduit un orchestre imaginaire. Le dimanche, sur les remparts et face à la mer, comme en hypnose battant la mesure il reprend les répétitions – sur le haut du « Rocher », à l'endroit même où, à l'occasion redescendu sur terre, à une mignonnette rouquemoute il conte fleurette... pas si candidement... « Ça sent la crique fauve à la marée, petite. »

Dans « Testament phonographe » :

À Cloclo la rousse putain
De mes sept berges bien sonnées
– Elle en avait neuf dans le dé –
Je laisse le doigt de ma main.
Il me remonte des naseaux
Le parfum mauve de sa paille
Qui bruissait plus bas que sa taille
Quand je jouais de son pipeau.

« Je croyais que, comme moi, tout le monde inventait des musiques au secret de la tête. Le jour où je me suis aperçu que j'avais quelque chose en plus, ou en moins, j'ai eu honte ! »

*

Bien évidemment le fascine le piano de Lucienne. Sur son clavier, il tâtonne et d'instinct s'enhardit, à chaque accord sent cogner son palpitant comme devant fleur fraîche éclose. Mais, en cachette, ces pâmoisons, car ayant fait part à son père de son envie d'apprendre le piano lui aussi :

— Pas question ! Les arts d'agrément sont pour les filles. Toi, mon garçon, tu as autre chose à faire dans la vie.

C'est pourtant sur ce piano qu'à onze ans il compose, sur « Soleils couchants » de Verlaine, la mélodie reprise plus tard, celle que l'on connaît, et une Messe à trois voix – pour lui, la chose est simple : la mélodie vient au piano ou elle ne vient pas.

Les épousailles n'ont lieu que bien des années après la rencontre au salon de thé : le 29 avril 1954 à Monaco où, mort de trouille, il dirige pour la première fois un orchestre non virtuel, celui de l'Opéra de Monte-Carlo, pour l'unique représentation publique de son oratorio scénique « La chanson du mal-aimé », vertigineux poème de Guillaume Apollinaire qu'il a mis en musique.

Sous sa direction, l'orchestre national de la Radiodiffusion française et les chœurs de Raymond Saint-Paul, avec Jacques Petitjean (l'ange), Camille Maurane (le mal-aimé), Michel Roux (le double) et Nadine Sautereau (la femme). En ouverture au concert, sa *Symphonie interrompue*.

Chez Odéon sortira le premier disque de « La chanson du mal-aimé » en juin 1957, avec tous les interprètes de la création. Enregistré, contrairement à ce qu'ont écrit des « spécialistes », à la Mutualité – j'y étais.

Une autre version, chantée intégralement par Léo, sortira en 1972 chez Barclay.

Barclay, ce cocon d'amitiés sans problèmes et si fructueuses que Ferré privilégie en son cœur entre tout autre – bien que, peu après, et jusqu'à aujourd'hui, « les Barclay » soient devenus eux aussi, et trop souvent, et tellement… les mal-aimés.

Comment ce quasi-inconnu accède-t-il soudain à la baguette ? Par la grâce d'un bijou de petit miracle.

Barthélemy Rosso, son guitariste et ami né Monégasque, à vingt ans s'éclatait dans un jazz-band dont le batteur n'était autre que… le futur prince Rainier !

En frangin, notre Mimi Rosso va monter le coup : en décembre 1953, Rainier l'accompagne au cabaret de l'Arlequin où Ferré donne son tour de chant. À l'issue, rendez-vous est pris.

Dès le lendemain, le prince se pointe au « taudis » du boulevard Pershing – de fol espoir fleuri de rouge et blanc, couleurs de Monaco. Et Rainier, bon prince, et même pas prince pour deux sous, accorde son soutien pour une soirée de gala et, dans la foulée, la nationalité monégasque à Léo !

« Diriger un orchestre est un moment fulgurant mille fois plus jouissif que de faire l'amour !... Oui, je pense avec Nietzsche que sans la musique la vie serait une erreur. »

*

Et Dame Poésie, où c'est-y qu'il l'a rencontrée, Léo ?

Les fées, on ne peut les rencontrer, elles ne sont pas de ce monde. La poésie est donnée au poète – une montée aux étoiles à laquelle malgré lui il est convié.

D'abord passif, il assiste à la naissance de ce phénomène qui se produit en lui : c'est la poésie qui le prend. Une façon de voir la vie, état d'âme et non style d'écriture – le poète n'aligne pas des mots mais des sentiments. Pierre Reverdy : « La poésie qui n'est que l'amour de la poésie, c'est du contreplaqué. »

La poésie vient de la solitude, du silence, de l'inavouable. On ne la fabrique pas. On la vit, on la respire, on l'habite. L'art ne fait que des vers, seul le cœur est poète.

Léo, c'est insidieusement que la poésie est montée en lui. Tout à son amour fou de musique, il ne l'attendait pas – nul doute que son Satan d'ange noir guettait l'heure où il lui prendrait la plume.

« Écrire, c'est attendre la main de l'ange, c'est vivre dans un désert : le no con's land... »

*

Homme délicat, modeste sans affectation, Ferré s'est toujours dit simple faiseur de chansons. Et, agressif :

« Parolier, oui ! Et alors ? »

Qu'on lui balance le très chargé titre de poète – rigole ! pour m'appeler, ma mère disait déjà : « oh ! poète ! » – l'indispose tout autant que le « Maestro » dont les Ritals l'abreuvent.

« Hormis Baër, le premier, puis Caussimon, deux grandes plumes, ne trouvant rien d'autre à mettre sous la dent de mon clavier pour exciter sa verve, si je voulais chanter il fallait bien que je me lance à écrire. D'abord de plates conneries, j'en conviens, où tu te fais la main. Et puis, de fil en aiguille, te vient la jactance, l'élan barbare de l'inspiration, la musique de l'ange, l'ange qui un jour est là et l'autre pas... D'accord avec Rimbaud, ce voyant : "C'est faux de dire Je pense, on devrait dire On me pense..." Alors, très vite, j'en ai plein l'os quand aux bouffes d'après spectacles me tannent les cultureux du cru – tandis qu'à la table des technos Popaul et toi Macoute vous vous fendez la gueule, j'en suis jaloux –, des intellos qui me harcèlent sur mon expression, ma symbolique, ma cryptomanie, tout ça... rien que des mots en cravate... Un mec cultivé, c'est qu'une boîte à musique, dans le ventre toujours la même petite chanson... Devant leurs gueules trop clean, je soupire : on ne demande pas au figuier ce qu'il pense de ses figues. »

*

Si Ferré est une espèce de génie qui traverse le siècle, il n'est rien moins que vaniteux. Fidèle à l'esprit de ce franc-tireur solitaire, en toute amitié déboulonnons le mythe, ce qui ne va pas faire plaisir aux inconditionnels adulateurs – comme a dit l'autre : « Un être qui irradie, habité par une force qui le traverse plus qu'elle ne prend source en lui, et des irradiés prêts à crever d'admiration. »

L'art poétique de cet homme de scène, chanteur avant tout ne l'oublions pas – « je gagne ma vie avec ma voix » –, est fait de bric et de broc.

Son œuvre, ce prodigieux piège à rêves – mystérieux état intermédiaire entre réalisme et onirisme –, est née d'un jeu sans souci, d'un bricolage au jour le jour (n'hésitant pas à se contredire pour être sûr d'avoir tout dit), de collages (deux poèmes font « Poète... vos papiers ! »), de « pain perdu » (l'art d'accommoder les restes, reprise ici et là de déchets d'inspiration), la préface de son recueil de poèmes devenant, trafiquée, « Préface[1] », et quant à « La mémoire et la mer », combien de versions ? cinq ? six ? on s'y perd – qu'importe, c'est ainsi. Et puis, dirait-il, « ho ! ho ! et basta ! »

Dans le vieux gros cahier qu'il appelle ma banque et que toujours et partout il trimballe, y notant idée sur idée, pendant près de dix ans la page « Thank you Satan » ne s'est nourrie que peu à peu, aussi longtemps la page « Ni Dieu ni maître » restant vierge, une simple idée de titre – la devise d'Auguste Blanqui –, c'est tout.

Aussi simples qu'elles puissent paraître, les vies de Léo sont aussi nombreuses que les lectures possibles de son œuvre, aussi nombreuses que les émotions qu'elles font lever. Normal : la vie et l'œuvre, c'est le même fil rouge qui les sous-tend.

1. Pour « Préface », dit sur accompagnement des Zoo, il avait trouvé un titre génial, « Goualante en pop majeur ». Ça s'est paumé en route. Dommage.

Écrivant, s'écrivant, œuvre et vie inextricablement liées – il ne nous a jamais chanté que sa vie ; pour qui sait entendre, une exemplaire mosaïque de l'aveu intégral –, cet en dehors du show-biz n'a rien à cirer du gnangnan de la criticature. Il n'est pas un poète d'eau douce, il n'est que lui, il va.

Cendrars : « J'écris pour savoir qui je suis. »

Et Nietzsche encore : « De tout ce qui est écrit, je n'aime que ce qu'on écrit avec son sang. Écris avec du sang, et tu apprendras que sang est esprit. »

*

Son art poétique, il l'envoie pas dire, toujours dans « Préface », il le gueule. À retenir : rien ne doit arrêter le poète, surtout pas le bon goût – « ce n'est pas le rince-doigts qui fait les mains propres ni le baise-main qui fait la tendresse » –, « L'art, c'est pas pour faire joli », a dit le poète Jean Digot.

Alors, sans complexe aucun et quitte à choquer Ducon, allons-y les mots crus, et d'english, et d'argot. Dès le départ, c'est bien ce qui le distingue : il est le premier, et le seul, à oser franchir la ligne jaune.

Son argot parigot l'a chopé dans ces bistrots de nuit d'après cachetons en cabarets où viennent s'abreuver les taximen et tuer le temps les copains d'la neuille, toujours au bord du dernier verre… pour la déroute.

Mêlé à de spirituelles et tendres envolées, émaillera son œuvre ce populaire argot – « verbe en érection » (Sartre) – qui jamais ne fait tache, toujours va de soi, marque, chante… et comprenne qui pourra !

Parmi les fans innombrables qui se régalent à écouter et réécouter « Vingt ans », combien savent que ces brèmes que l'on bat ne sont pas des poissons mais des cartes à jouer ? que dans « Thank you Satan » cette abbaye du monte-en-l'air – en argomuche : le cambrioleur – n'est que personnelle version de la villonnesque « abbaye du monte-à-regret » : l'échafaud ?

Tant et tant de passages inintelligibles au commun des mortels, si branché soit-il, forme cryptée au seul usage des intéressés dont de rares privilégiés possèdent les clés – et pas toutes.

Dans « Le chien », cette Pépée qui fait le toit, qui peut savoir qu'en fait elle le défait, le toit, balançant de là-haut les tuiles sur le facteur – ou sur toi ?

Et dans « Pépée » : « T'avais les oreilles de Gainsbourg, mais toi t'avais pas besoin de scotch pour les replier la nuit » – jeu de mots sur scotch que nul ne peut entraver parce qu'ignorant que pour s'endormir un chimpanzé rabat ses pavillons comme il ferme ses paupières.

Dernier exemple ? Je me marre, gentiment... Peignant avec amour une série de toiles ayant pour thèmes des titres de Ferré, sous le pinceau d'un artiste provençal, la sorgue (qui en argot n'est autre que la nuit : « Je suis le tapin de la lune sur le macadam à Greenwich... ») est devenue... une rivière ! Normal : Joseph Pratali crèche à L'Isle-sur-la-Sorgue !

*

Stop. Accepter d'expliquer, c'est déjà accepter de trahir.

La poésie n'appartient pas à celui qui l'écrit, mais à celui qui s'en sert. La poésie n'a pas à être comprise, ce qui la banalise. Seule compte l'émotion qu'y trouve chacun – rien d'autre qu'une auberge espagnole.

Reste à savoir entendre le contrepoint sous l'aria.

Le poète, a dit le père Hugo, est un monde enfermé dans l'homme. Et ce grand talent qu'est

Pierre Michon de s'interroger : « Sur quel intime foutoir l'œuvre jette-t-elle son masque ravissant ? »

Résumons : sur la nigredo du poète, la part noire, négative, que tout être abrite à l'intérieur de soi.

Pierre Michon :

« Pour Faulkner et beaucoup d'autres, l'alcool fut la concession au négatif. La part noire à l'intérieur de soi (sa nigredo) sur laquelle, contre laquelle et grâce à laquelle éclate la gloire de l'écrit. Sur quel intime foutoir l'œuvre jette-t-elle son masque ravissant ? De quelle noirceur fondamentale l'œuvre doit-elle payer le prix ? Et plus la dette est forte, plus l'œuvre a de chances d'être belle. »

Et Pierre Lepape :

« Mahomet était épileptique, et Luther, et Dostoïevski. Socrate avait son démon. Saint Paul, la mystérieuse écharde dans les chairs. Pascal, son gouffre. Gide, sa pédérastie. Nietzsche et Rousseau leur folie – comme l'a dit Diderot : "Cette part indestructible du malheur qui préserve le talent." »

Et d'abord, pour Léo, son nihilisme.

Las de tout, et souvent de lui-même – la lame use le fourreau –, il tient à avoir sa ration de ténèbres. La fatigue nihiliste ne peut se décrire elle-même sans évoquer la foi qu'elle a perdue.

« La mémoire et l'amer », sourit Belleret.

« Rien ne sert à rien. Dans notre monde, tout ce qui nous est bien est mal. »

Nihilisme proclamé en lequel n'ont pas peu contribué à l'enfermer ses deux compagnons de galère, le Popaul et le Macoute, plus noir l'un que l'autre – un des traits de caractère, au trop faible Léo : lui si ouvert ne se fige qu'avec le concours des autres.

Nihilisme, sa grande maladie, pour lui consécutive à la mort de Dieu – de ce Dieu qui réside en chacun de nous et pas ailleurs, dans le tréfonds de notre cœur et de nos tripes. Perte du sens, épuisement, incertitude, nostalgie, frayeur, morosité, sinistrose. Le passé domine l'avenir.

Il ne sait plus ce qu'il lui faudrait vouloir, ni pourquoi il veut ce qu'il veut – pas plus qu'il ne sait pourquoi il ne veut pas ce qu'il ne veut pas. D'où enfermement dans de vieilles formules qui n'ont plus de sens. La mort guette par répétition, morne habitude, désertification.

*

Que serait-il advenu de ce mec, en aurait-il déjà fini, et avec quel sourire ? S'il avait eu comme moi le courage de reconnaître l'Ariane – cette incroyable chance – qui, par le fil de sa « pensée positive », l'aurait conduit hors de son noir labyrinthe, ce labyrinthe qu'il était lui-même et où il a fini par se perdre – transmutation nietzschéenne du nihilisme impossible.

Qui était donc cette légendaire Ariane qui occupe ici le terrain ? Ariane, d'après les écrits de Pierre Barthélemy, Gilles Deleuze, Roger-Pol Droit et Michel Haar.

Accroche-toi mon Macoute, tout dire sur Ariane et sur son mythe n'est pas un mince labeur. Pourtant il le faut, là est l'important pour l'intérêt de tout ce qui s'ensuit – et puis tu verras, ami lecteur, peut-être un peu longuet mais passionnant.

Fille de Minos, roi de Crète, et de Pasiphaé, Ariane a pour demi-frère un monstre, le Minotaure, fruit des amours de sa mère avec un taureau. Pour enfermer l'être hybride et sanguinaire, Minos fait appel aux services du génial architecte et inventeur Dédale, qui construit alors le Labyrinthe, un palais aux couloirs inextricables dont personne ne peut ressortir.

Afin de venger la mort de son fils Androgée, tué par Égée, roi d'Athènes, Minos exige de la cité de l'Attique un lourd tribut payable tous les neuf ans : sept jeunes hommes et sept jeunes filles qui sont jetés en pâture au Minotaure.

Lorsque, pour la troisième fois, il faut payer, grondent les Athéniens. Pour les apaiser, le héros Thésée, fils d'Égée, se désigne pour aller affronter le monstre. Dès qu'elle le voit, Ariane en tombe amoureuse et, sur le conseil de Dédale, lui donne la pelote de fil qui lui permettra de retrouver la sortie. Thésée abat le monstre et, reconnaissant, promet à Ariane de l'épouser.

Elle embarque donc avec lui mais, à l'escale de l'île de Naxos, celui-ci l'abandonne. Ariane est forte et, contrairement à ce que prétend Racine dans Phèdre, elle ne succombe pas à sa douleur.

Bientôt, juché sur un char tiré par des panthères, arrive Dionysos, qui l'épouse avant de l'emmener sur l'Olympe. En cadeau de noce, il lui fait présent d'un magnifique diadème d'or, œuvre d'Héphaïstos, le dieu forgeron – cette couronne fabuleuse termine sa carrière en constellation dans notre ciel : c'est la Couronne boréale.

Faut dire que ce Dionysos n'était pas n'importe qui : dieu grec de la vigne, du vin et du délire extatique, appelé aussi Bacchus.

Sémélé, sa mère, aimée de Zeus, meurt au sixième mois de sa grossesse. Le dieu arrache l'embryon de son sein et le porte, cousu dans sa cuisse, jusqu'à terme – d'où l'expression « né de la cuisse de Jupiter. »

Dieu de l'affirmation, de l'inspiration, de l'enthousiasme, Dionysos a toujours clamé une chanson de solitude et réclamé une fiancée qui soit une seconde affirmation pour que l'affirmation soit elle-même affirmée : le devenir actif (contrairement à Apollon que caractérise l'ordre, la mesure, la sérénité, la maîtrise de soi).

Ariane est l'Anima (l'âme), l'affirmation pure et multiple, la vraie affirmation, la volonté affirmative : elle ne « porte » rien, ne « se charge » de rien, mais elle allège tout ce qui vit. En vérité, elle se charge de tout ce qui touche à l'occulte.

Or notre Angie-Ariane à nous est bien l'affirmation de l'affirmation. Elle a su faire que son Macoute devienne à son tour l'affirmation de l'Être – transmutation en esprit qui dit la même chose mais positivement. Avant l'apparition de l'astre Angie toujours *fermé à*. Depuis Angie toujours *ouvert à* – à l'encontre de Léo qui persiste à nier.

À eux deux, Angie et Macoute, ils sont le devenir actif. Non pas charger la vie sous le poids de valeurs supérieures, mais créer des valeurs nouvelles qui soient celles de la vie, qui fassent la vie légère, affirmative, positive.

La joie de vivre, quoi... Non pas cette sérénité niaise et douillette rêvant de paradis sans mélange, mais une étrange et autrement divine « joie tragique ». Celle-ci dit oui à la vie si totalement qu'elle dit oui aussi, nécessairement, et par avance, à toute souffrance, toute imperfection, tout négatif, quand bien même rien ni personne jamais ne viendraient les racheter ou leur donner un sens. La joie de vivre veut l'éternité de toute chose, veut une profonde, profonde éternité – celle seulement de l'instant.

Pourtant, n'avait-il pas cru l'avoir trouvée, son Ariane, en la personne de Madeleine ? Sous son règne, tout s'éclairait. Jusqu'au temps où, d'autres forces en ayant décidé autrement, tout a basculé : elle était passée dans le camp du non. À l'origine : la folie Pépée. Et ses conséquences : le mortel isolement à Pech-Rigal, d'où la catastrophe alcool.

C'est parce qu'il n'a pu garder son Ariane-Madeleine (active, positive, telle qu'elle fut pour lui durant plus de dix ans, alors qu'elle s'employait à le façonner) qu'il s'est enfoncé dans la négation pour la négation. Dans l'isolement, dans l'amertume. Dans une solitude asséchante, castratrice. Dans un nihilisme sans objet et même sans nom. De ce manque d'Ariane vient la relative – bien qu'affichée – misogynie de Léo.

D'où le mot de Thérèse : « Richard est allé jusqu'au bout de son destin, Léo s'est arrêté en cours de route. »

Aujourd'hui, ce m'est obsédant problème : trop tard a surgi dans mon ciel à moi l'astre Angie-Ariane pour que j'aie pu à mon tour convertir Léo à notre pensée positive qui change du tout au tout la perception de la vie – sûr qu'il n'attendait que cela, la suite nous le dira… peut-être…

*

Une certaine folie, oui… et même assez chargée ! – mais, dit-on, qui vit sans folie n'est pas si sage qu'on croit. L'incontrôlable folie douce, qui abreuve l'inspiration. « Il n'y a point de grands esprits, note Diderot, sans un grain de folie. » Et Paulo Coelho : « Le guerrier de la lumière ne craint pas de paraître fou, il fait toujours des gestes hors du commun. » À quoi Voltaire ajoute : « J'ai vu qu'il n'y avait rien à gagner à être modéré, et que c'est une duperie. Il faut faire la guerre et mourir noblement sur un tas de bigots immolés à nos pieds. »

Imprévisible, fantasque, déroutant, si inconséquent parfois qu'il en devient même un peu chiant. Sur une de ses tontolinades, « Tontolino ! » lui jette alors l'un des deux ostrogoths... (Tontolino ! Ainsi, enfant, le moquait l'une de ses tantes : en monégasque, petit sot). Sourire penaud et tête basse : oui, vous avez raison, j'suis qu'un con – la règle étant entre nous de tout se dire, sans fard, sans arrière-pensée, sans problème aucun.

L'angoisse de la mort ? Non.

« Moi je sais que la mort n'atteint que les corps visibles, pas les voix singulières... Qui n'obéit pas au gouvernail devrait-il obéir à l'écueil ? Un jour, elle me dira : Léo, come on, boy... »

La solitude, oui. Son besoin tant clamé et, du même temps, son horreur de la solitude, lieu vrai de qui compose et écrit – Louis Guilloux : « L'indifférence est le parapluie du sage, comme la solitude est son refuge. »

Il ne cesse de citer le surréaliste Marcel Duchamp : « Pas question de participer à la fourmilière qu'on nous prépare, pour moi c'est : tout seul, comme dans un naufrage. »

*

Il peut vivre seul (vraiment ?), il se complaît à s'ennuyer.

« Quand j'ai trop besoin de toi, je t'invente », m'a-t-il dit un jour.

L'ennui, ah son cher ennui ! Son compagnon de tous les jours. Il ne s'ennuie jamais... ou plutôt si : il s'ennuie toujours, c'est presque la même chose. Son leitmotiv : je me fais chier !

Et heureux, avec ça !

« Le majuscule ennui », le non-espoir et le refus de s'y résigner, mélange de fatalisme et d'impatience ; et puis l'acédie, cette mélancolie spirituelle qui frappe les contemplatifs, que les bénédictins ont nommée à juste titre « la tentation du Diable ».

Dans « Comme dans la haute » :

Depuis qu'on a tout c'que t'as dit
[...] *alors je m'ennuie.*

Oui, vient le moment où l'on ne désire plus rien. « Y a pus pus rien », le charriait Popaul, qui ajoutait : « L'ennui est le grand fellateur des civilisations... bonjour Gengis Khan ! » (d'après lui, c'est parce qu'il s'ennuyait tant que Gengis Khan a sauté sur son cheval pour aller chancetiquer le monde).

« La paix, c'est très indigeste, a dit Giono. La paix, c'est magnifique, mais on en a très vite assez de la paix. Toujours pareil ! Jusqu'à la fin du monde. »

« En situation d'exil intérieur, je suis fait pour la difficulté et la souffrance, écrit Léo, tout ce qui me cède m'affaiblit. L'essentiel n'est pas de vivre, mais d'avoir une raison de vivre. Mon passé n'est qu'un gisement d'amertumes. Heureusement, pour oublier il y a le temps. »

*

L'indifférence...

Inaccessibles modèles qu'il aime à citer : Erik Satie, cette pleine malle de courrier non décacheté découverte à sa mort dans son grenier.

Et Julien Benda : invité aux États-Unis avec une poignée d'écrivains, il reste dans la voiture à bouquiner tranquille, et refuse de suivre André Breton qui le presse de venir admirer, d'un belvédère proche, une sublime perspective du canyon du Colorado.

Sans lever les yeux, Benda :

— J'imagine… j'imagine…

Léo, ça l'enchante !

Non, il n'est pas l'homme des voyages, seule l'intéresse l'aventure intérieure.

« Je n'aime pas partir, je n'aime pas arriver, j'aime être. »

L'homme n'a pas besoin de voyager pour s'agrandir, il porte en lui l'immensité. Écoutons « Les gares, les ports » – *J'aime bien ma taule et mes bouquins / j'voyage en douce ça m'coûte rien* –, cette chanson majeure, bien que mal connue, où sur le sujet tout est dit, et au mieux du mieux.

À Beyrouth, tankés pour huit soirées de gala au casino, déjà reportées d'un an because événements – climat encore plus que tendu, à peine hors de l'aéroport les mitraillettes d'un barrage fellagha ; mais, en contrepartie, ces tablées de délicieux mezze généreusement arrosées d'arak –, je décide, j'en rêvais, de profiter d'un jour off pour aller, en compagnie de mon grand pote Jean-Louis Marquet, l'imprésario, me rincer enfin les yeux, à moins de cent bornes, sur les mythiques ruines de Baalbek – l'un des hauts lieux que je trimballe in my tronche.

Il faut avoir vu pour le croire ces ruines du temple à Jupiter, ses colonnes qui dominent cette immense terrasse faite d'énormes blocs de pierre de treize mètres sur un, les joints tu n'y passes pas un papier à cigarette ! Qui fut, affirme sérieusement certaine légende, une piste d'atterrissage pour les premiers ovnis du temps du prophète Isaïe !

Invité à se joindre à la partie, Léo se fout de notre gueule :

— Bande de touristes !

— Et toi, je lui fais, toute la journée cuté devant ta télé, à toi seul tu serais pas une bande de cons ?

— Oui, je recharge ma connerie !

*

Le doute enfin, le doute métaphysique. Une longue incertitude entre eau douce et eau salée, entre boue et pépites, tel est le Río de la Plata, tel est Léo.

Anarchiste mystique – a toujours existé cette race ambivalente –, le grand doute l'habite, l'ombre réconfortante d'un doute face au néant.

Dans « La vie est louche » :

L'âme dételle
Et d'un coup d'aile
Va qui sait où
Dans Le lit :
Quant au lit qui sera le mien
Dans le néant ou la lumière

et plus loin :

Quand il me faudra dételer
Pour l'aventure ou la poussière

La mort sera une surprise... L'inspiration, cette transcendance, est-ce Dieu ? Je ne me pose pas le problème, mais j'affirme qu'il est énorme de dire : je suis athée. La religion, c'est la fin du monde, je lui préfère le beaujolais fraternellement dégusté avec un copain ! Mais qu'existe la musique fait qu'on ne peut pas être totalement incroyant.

Gravure inédite *(ci-dessus)*.
Cette première maquette créée par Maurice Frot pour l'album *Verlaine et Rimbaud* ne sera jamais éditée. Léo Ferré ayant, par pudeur, refusé d'y figurer, la pochette a donc été réalisée exit le compositeur, par Barclay en 1964 *(ci-contre)*.

4

LA VIE D'ARTISTE, C'EST PARTI !

Chanter c'est souffrir, mourir et renaître ;
chanter c'est changer le cours des choses,
c'est s'oublier soi-même
comme une alouette dans le ciel.

Bernart de Ventadour

Retour sur image.

Nous retrouvons notre jeune étudiant coincé à Paris entre droit et musique. Pas longtemps, l'appel sous les drapeaux – classes à Saint-Maixent – vient le sortir de l'impasse.

Et c'est la « drôle de guerre », et c'est la débâcle.

Juin 1940, l'aspirant Ferré, cul à la bataille, conduit, à pinces, vers le Sud et vers la gloire de vie et liberté sauves, son peloton de tirailleurs algériens – eh ! qui en sort vivant a gagné la guerre !

Sur cet épisode s'ouvre l'ouvrage de Claude Fléouter, *Léo*[1], d'après les confidences automoquandières du biographié avec qui – pour la télé, pour les journaux – depuis belle lurette il a maintes fois bossé :

1. Robert Laffont, 1996.

« Dans l'embouteillage monstre où sont embarqués Ferré et ses tirailleurs, le premier objectif est de manger : du pain, du chocolat, des pommes de terre, des poulets dérobés à une ferme. La troupe marche depuis des jours sous une canicule exceptionnelle. Une fin d'après-midi, un tirailleur se jette brusquement dans le fossé et annonce :

— J'avance plus.

L'aspirant Ferré s'approche de l'homme :

— Allez ! Fais pas le con, relève-toi.

— Non, c'est fini. J'arrête !

— Je te donne l'ordre de te lever.

— Non, non. J'arrête.

Ferré sort de son étui un 6,35 et le pointe sur la tempe du tirailleur :

— Maintenant, tu te lèves ou je te brûle la cervelle.

Alors le tirailleur le regarde dans les yeux, fait « pouf » en lui tirant la langue et mime sa mort en s'étalant par terre.

— Comme tu voudras, lui répond l'aspirant Ferré qui, un peu ridicule, range le 6,35 dans l'étui. »

Vers le Sud et vers Castres où, sans qu'il le sache, l'attend Odette, une Parisienne en famille repliée là, Odette Schunck, superbe fille qui posera plus tard pour des pubs. Coup de foudre réciproque, premier mariage en octobre 1943, à Issy-les-Moulineaux – il y en aura trois.

Vivant d'abord à Beausoleil, sur les hauts de Monaco – petits boulots, un job dans les bons de ravitaillement et à Radio Monte-Carlo où, pianiste, speaker, balayeur, il s'essaie à chanter –, dans une ancienne ferme (est-ce le « retour à la terre » prôné par Pétain ?). Déjà il s'entoure d'animaux, pour ne citer qu'eux, le premier chien Arkel, une vache, quelques moutons et la fameuse mule sourde.

Et voilà, c'est parti : sur des poèmes de René Baër qui avait l'âge d'être mon père, il compose les plus connues de ses premières chansons : « La chambre », « La chanson du scaphandrier ». D'accord avec le poète René Baër, juif réfugié à Monaco, la non-mention de son nom sur la déclaration Sacem (on est en pleine Occupation) vaut à Léo quelques déboires après la Libération, sommé qu'il est par son ami le compositeur Philippe-Gérard de s'expliquer devant un « tribunal » du Parti communiste.

Oui, en phase avec l'odeur du temps, et sous la pression de Philippe-Gérard, Ferré adhère un très court temps au Parti qui tient alors le haut du pavé – moi itou, à la même époque frénétique jeune communiste –, plus par concession que par conviction. Jusqu'au jour où, à sa première réunion de cellule, il va pour ouvrir sa gueule. « On se tait, camarade, tu parleras quand on te le demandera. » Léo se lève et se tire, bien le bonjour camarades.

*

Fin 1946, sur le conseil d'Édith Piaf rencontrée à la radio, il se décide à monter à Paris. Le couple s'installe en banlieue dans la maison des parents d'Odette, à Sainte-Geneviève-des-Bois.

À nous la vie d'artiste !

Oh, rien que du très banal : tous les chanteurs débutants ont vécu, vivent et vivront cette non-vie dans un schwartz total, inconfortable suspense sans assurance aucune, horaires impossibles, minables cachetons de cabaret en cabaret, à l'espère du bon entendeur hypothétique qui, peut-être et sans doute, un jour proche ou lointain ouvrira la porte de la reconnaissance, du succès.

Après Le Bœuf sur le toit – il s'y produit sous le pseudonyme de Léo Ferrer ! pour faire plus « exotique » ou pour se cacher de son paternel toujours redouté ? –, où il rencontre les frères Jacques et le duo Roche-Aznavour, s'enchaînent d'autres cabarets : Les Assassins, Le Quod Libet, Le Caveau de la Terreur, L'Arlequin.

En 1947, tournée catastrophe à la Martinique pour laquelle il s'embarque en compagnie d'Odette. De cette expédition qui va tourner court (ça ne marche pas du tout du tout, tournée vite annulée, « démerdez-vous », ils ne rentreront en France que grâce aux largesses de papa Ferré), outre ces fichus déboires Léo ne retiendra que deux choses : sur le bateau aller, sa rencontre avec le jeune Henri Girard et, quant aux spectacles, l'horripilant fond sonore des éplucheurs de cacahuètes – ah ces cacahuètes ! il y reviendra souvent...

*

Les cabarets, encore et toujours, soir après soir... Ouh là là ! pas si facile !... Il a du mal, Léo, à trouver le ton juste, la colère est loin d'avoir trouvé sa voix :

« Je chantais avec la voix d'un petit âne... »

Odette digère très mal la vache enragée – Chardonne : « On ne sait jamais qui on épouse. Le mariage nous l'apprendra. »

Son père, qui veille au grain, un beau jour met les pieds dans le plat, prend son gendre au colback :

— Je te donne un an pour réussir. Après, on verra.

C'est tout vu : rupture – quand le poisson est frit, il s'retourne dans la poêle –, naufrage qui nous vaut un mélancolique chef-d'œuvre : « La vie d'artiste. »

Pourtant, vains dious ! tout n'est pas foutu !

Non, ces temps de dèche – « cette fameuse fin du mois qui, depuis qu'on est toi et moi, nous revient sept fois par semaine » – ne sont désespérément pas morne plaine :

Francis Claude (qu'il a connu à Radio Monte-Carlo) l'engage à plein temps dans son cabaret Milord l'Arsouille, et l'attache à son émission hebdomadaire sur France Inter, ce qui va faire de Ferré son complice : sur chacun des thèmes choisis, Léo écrit à la demande de nouvelles chansons. Pour nous l'enchantement de « L'île Saint-Louis », « Le bateau espagnol », « L'étang chimérique », « La vie d'artiste »...

Dans le même temps, Ferré programme sur France Inter une série d'émissions : « Musiques de l'Est ». C'est en farfouillant dans la discothèque qu'il se lie d'amitié avec le patron du bazar et futur responsable des programmations d'Europe 1 : Lucien Morisse – ce qui nous ouvrira plus tard les portes d'Europe 1.

Et puis, après Renée Lebas, la grande Catherine, la Sauvage, vedette en pleine lumière, va bientôt lancer avec le coup de gueule qu'on sait le double succès raz-de-marée de « Paris Canaille » et du « Piano du pauvre ».

Alors quoi ?

Mon ptit Léo, c'est-y pas le bout du tunnel ?

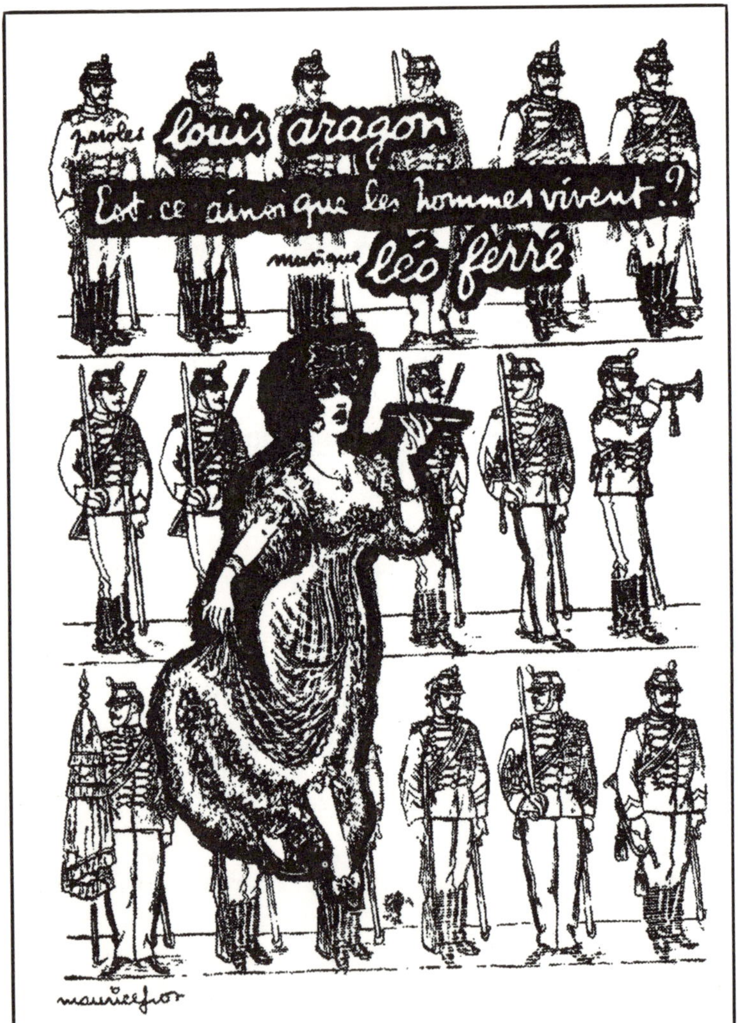
paroles louis aragon
Est-ce ainsi que les hommes vivent ?
musique léo ferré
mauricefior

5

GUTENBERG SOUS LES TOITS

Sous la presse d'imprimerie,
le gémissement de la pensée qui accouche.

Claude Manceron

Alors déboule une Madeleine – que lui présente la femme de Georges Arnaud retrouvé à Paris. Rencontre de nuit au Bar Bac – où il situera peu après son ballet lyrique *La Nuit.*

Encore une copine d'la neuille !... Qui fait du rentre-dedans au séduisant poète et a tôt fait d'emporter le morceau.

Belle et époustouflante femme d'humour, de jactance, de générosité et... de tête, elle va s'installer en reine et bousculer un peu beaucoup notre timide saltimbanque.

Deuxième épouse, deuxième période, faste période...

Monaco, « La chanson du mal-aimé », on l'a vu, et nous voici à l'Olympia. D'abord, en 1954, en première partie de Joséphine Baker. Puis en mars 1955 – c'est là que je le vois pour la première fois – en récital. Il accède à la notoriété à près de quarante ans (l'équinoxe de la vie), l'âge où Brel fera ses adieux à la scène. Une querelle d'Allemand avec Bruno Coquatrix nous vaudra « La maffia ».

C'est là que le lion va déployer ses ailes, si l'on peut dire. Il ôte ses bésicles, se dégage de l'abri de son bahut et monte en première ligne affronter de face son public, encore mal à l'aise et fringué pas possible, pantalons fuseaux et poilues godasses de montagne ! – un look incroyable…

Son public, encore pour un temps de ruminants, dont certains ne supportent pas le blasphème de « Merci mon Dieu » – le pendant en sera « Thank you Satan » – et se caltent !

Marié en 1952, le couple emménage boulevard Pershing en la bicoque refilée par l'ami et talentueux affichiste Hervé Morvan, en ce « taudis », comme ils disent – bien que si chaude, la petite maison vétuste, lieu béni où je vais bientôt les rencontrer.

Le quartier est déjà depuis longtemps promis aux bulldozers en vue du percement du périphérique. Plus tard, une célèbre pub Esso assourdissant rues et esgourdes de son « Mettez un tigre dans votre moteur », Léo écrira : « L'herbe Pershing je n'en brouterai plus, des tigres m'ont mangé l'adresse. »

*

Il sera dit que cézig ne m'aura happé au passage et entraîné dans la queue de sa brasillante comète – au risque de m'y roustir les plumes – que pour m'empoisonner l'existence.

Il a su charger mon vin doux de piment et de cannelle – sûrement d'arsenic et de cocos redoutables –, vitriol et tord-boyaux qui m'ont fait bondir de ma chaise pour assassiner à lame nue ces escouades de séraphins vêtus de lin blanc qui psalmodiaient des laudates à mon cul.

Avec son foutu arsenal d'images, de magie, de salive, avec ce train d'enfer qu'il mène et ces tonnes de mélancolie, et ces yeux meurtriers à tant être adorables, il a su m'insuffler le zi du zeste de hargne qui me manquait pour me garantir ; il a su faire pousser dans mon dos ces deux moignons d'ailes suffisant à me maintenir à deux doigts, juste deux doigts, au-dessus des marais de mon quotidien.

En bref, et tout est dans ces quatre mots : il a su m'arracher au monde de la pesanteur.

Que ne m'ont-ils pas refilé, ces deux-là ?... De la confiote, de la prune, de la noix, de la gnôle, de l'œuf du jour, de la morue salée, du beurre provenance directe, de la frusque, des émotions à ras bord et des idées plein mon casque à grouiller là-dedans, j'en avais pour des jours à m'en remettre...

Je devais tout bousculer, tout admettre, allonger mon pas ou le réduire, glisser des coins d'heures dans mon temps déjà plein, répondre « présent ! » à la trompette du téléphone, enfourcher ma guinde aux moments jugulaires et avaler des kilomètres... Endosser cent métiers et des plus dingues : menuisier, dactylo, démarcheur, secrétaire, illustrateur, téléphoniste, « attaché de stress », à la cave tueur de rats, imprimeur, avec lui, sous les toits.

*

Oh c'que j'en aurai ingurgité des nuits blanches ! Des nuits et des nuits à tripoter les chimies et les encres, la planche à billets de nos chansons.

Artisans de vocation, nous faisions tout nous-mêmes... Et du pas fastoche ! Que de difficultés ! Que de mini-drames ! Pour des conneries allant jusqu'à s'enguirlander l'un l'autre – ça défoule...

Déjà, pour mon dessin de couverture, à trimer des veillées de journées pourtant lasses, repris deux fois, trois fois, parce que Monsieur, parce que Madame... Et pour l'imprimante me faire engueuler, encore : t'auras jamais la main ! – j'avais déréglé l'encrier, dégueulassé le blanchet...

Mais attention ! tout Ferré qu'il était, pour l'incendier, j'étais pas en reste !

Je le voyais partir, l'heure venue, pour aller chanter Chez Plumeau à Montmartre, des ombres noires sur les paluches malgré la pierre ponce – et il avait justement des jeux de mains très blanches sous les projecteurs, on ne voyait qu'elles.

Moi, je ne voyais que ce noir...

Des nuits musique de films, à tirer les partoches. À me pencher sur l'escalier : « Grouille, Léo, j'ai fini le trombone. » Et lui, en bas, à bâcler ses derniers soupirs et anicroches, à pétrir la pâte que j'allais enfourner... Quatre à quatre il survenait, pas essoufflé, le grand sourire, la jouissance de la belle ouvrage fait main :

— Tiens, vlà la contrebasse.

Et déjà quatre heures du matin !

Rigolboche ! À c't'heure-là, même rompus, nous vlà sur les pelouses du carrefour Maillot pour le pipi des trois saint-bernard, quand un camion stoppe à notre hauteur : « Alors, Léo, quand est-ce que tu nous chantes le Pauvre Bœuf ? » – Léo ne corrige pas l'erreur sur son titre « Pauvre Rutebeuf » : il sait que l'homme l'a déjà dans l'âme.

*

Et c'est pas tout !

Les répétitions-vas-y-chante-et-t'occupe-pas-de-nous !

Debout hors piano au milieu de la carrée, face à Mad et moi assis, public et censeurs le crayon tout armé, le malheureux s'efforçait de chanter, de mimer, au supplice sous la schlague de la capitaine. Il fallait que je critique, que je me mouille…

— Heu… moi… je trouve que…

— Prends ma place, *porca miseria*, prends ma place !

Les injures… Capot face à son toréador de meuf, sur moi se déchargeait, il pouvait plus me voir…

— C'est ce soir qu'il vient, ce petit salaud ?

Et la Mado qu'en rajoutait, véhémente, prenant sa place et, le balai en guise de micro, lui dansant le pas de menuet ou lui campant l'Hamlet de ce passage-là :

— Voilà… Hein Maurice ?

Et moi, con :

— Heu… moi…

— Prends ma place, *maledetto* !

*

Le début seulement. Y en avait ensuite pour des semaines. Couché très tôt le matin, levé guère après, mon vrai patron j'veux-pas-l'savoir…

Fallait veiller au grain, œuvrer solide dans la pagaille monstre des ultimes répétitions. Guerre ouverte, les deux trois semaines suivantes, au cœur du bazar Bobino bobinard, défendre la loge, jouer les gorilles, l'habilleuse, l'espion, esgourder tout ce qui se disait dans le hall, voir où en étaient les entrées, sur le trottoir mesurer la queue au centimètre… Il voulait tout savoir – légitime angoisse de qui va s'offrir en pâture.

Et penser à renouveler la réserve de « nuitgraves » – comme disent aujourd'hui les jeunes tabagistes de banlieue, traduction : penser aux Celtiques, sa cigarette de toujours, et il clopait sec ! –, sans oublier l'indispensable whisky pour le gorgeon pousse-au-cran de la dernière minute avant le ring.

En coulisse, faire le flic, le faux derche avec tout un chacun – quand c'était pas emmener les clebs à la prom-prom.

Tout voir, tout piger : les machinos, les taps de rideaux, les musiphages, les lumières... Ah ces putains de lights !... Et me faire encore traîner plus bas que terre pour un faux pas de l'électro-son-orgue... Une indigestion de projos, de spots, de herse, de rampe, de gamelles... Jésus ! moi qu'aimais tant, comme l'autre, le music-hall, que m'en a-t-il fait ! Jamais n'y reviendrai pour le plaisir. Il me l'a désacralisé, déshabillé, démoli, haché menu, saccagé, il me l'a tué.

Ah c'qu'il m'en a fait voir ! Mais moi si heureux enfin !

Je sais, c'était le prix du hareng – qu'ils me faisaient l'honneur de partager par temps de vaches maigres... « La vie d'artiste », difficile, où la table n'est jamais mise, mais toujours sur des nappes d'autel, dans des vaisselles de Borgia... Et ces pauvres gueuletons-là j'y tiens plus qu'à La Tour d'Argent, je les revendique.

*

Heureusement, comme sur la mer, il y a des accalmies. Ses retraites qui me l'enlèvent pour travailler au calme, pondre son panier d'œufs ou polisher ses petits monstres derniers-nés, en des ermitages au large ou des îles au fond des bois. Des Canadas qui prennent la relève, histoire de me laisser souffler, me refaire une santé, un sommeil à jour – et m'ennuyer.

Je recommence alors à vivre des horaires de chrétien, c'est bien mon droit, non ? Mon voisin peut à nouveau me saluer matin… Mais, comme l'ail des persillades, me remontent au sifflet des musiques, des images en deux vers qui traînent dans mon cinoche – il vous lâche pas comme ça, le mec…

Le vin nouveau de la récolte en cours que j'ai dégusté, accoudé au piano comme à un zinc, je le savoure durant des semaines. Des chansons vierges dont je suis encore l'unique phonographe – et dont nous ne parlons plus jamais, jamais, le travail fini – m'accompagnent dans la rue, me tiennent compagnie, m'aident à vivre…

Oui, parce que mon cœur bat au rythme du sien ; parce que nous voyons tous deux le même mal, le même bien, sans souci des catalogues ; et, comme il a fait le tour de toutes les peines, de toutes les nostalgies, de tous les espoirs ; comme il a jeté des yeux d'amour autant que de révolte sur les hommes et les mondes ; comme il a le don de savoir dire en quelques mots justes ces sentiments, ces impressions, ces vérités que je portais en moi sans pouvoir les formuler ; pour toutes ces raisons et bien d'autres sans doute, ses chansons pensent à ma place.

Et, quand mon âme est grise, il vient, le pote, me reverser son vin de mélancolie.

6

TU ES UNE ÎLE

Crusoé, lui dit-il, écoutez-moi bien :
gardez-vous de la pureté.
C'est le vitriol de l'âme.

Michel Tournier

Sur une obsession d'océan breton – qu'il a découvert les années précédentes grâce à Madeleine, qui depuis toute minode en est entichée –, il cède les parts éditoriales de toute son œuvre à l'insistant et charismatique Rolf Marbot (patron des Éditions Meridian) qui en est follement amoureux, et grâce à cette manne fait l'acquisition de l'îlot du Guesclin, entre Cancale et Saint-Malo. Saint-Coulomb, Ille-et-Vilaine.

Guinguené, archevêque de Dol, avait donné au début du XIe siècle la paroisse de Saint-Coulomb à son frère bâtard Salomon. Celui-ci – à l'origine de l'illustre famille Du Guesclin – construisit sur le rocher, en 1160, une forteresse qui était appelée au XIIIe siècle Le Guarplic. Elle formait au sommet de ce rocher une enceinte carrée flanquée de quatre tours d'angle ; une seconde enceinte s'élevait à sa base avec une porte protégée par deux autres tours.

Des brigands y établirent par la suite leur repaire. Philippe-Auguste la leur fit enlever et y plaça une garnison en 1210. Les Du Guesclin l'abandonnèrent vers 1259 comme trop exposée aux incursions, et ils édifièrent à l'intérieur des terres un nouveau château nommé Le Plessis-Bertrand.

Le Guesclin fut démantelé au Moyen Âge et rasé de 1757 à 1759 pour la construction d'un fort – dont il ne reste aujourd'hui que la base de trois tours et, au sommet de l'îlot, un large puits très profond creusé dans le roc.

« J'ai grandi à Monaco, sur la Côte, avec cette mer quasi fermée. Plus tard, en Bretagne j'ai vu la vraie mer. Elle se lave deux fois par jour. La Méditerranée, jamais. Quand je suis arrivé devant l'île du Guesclin, émerveillé je me suis agenouillé. J'étais tout seul dans le sable mouillé de la marée et je me suis mis à pleurer. »

Enfin un univers à sa mesure !

Dans le fracas des déferlantes qui viennent sur le roc se briser, entre deux coups de filet, il se réjouit de se sentir enfermé deux fois le jour par cette marée qui, l'horaire, jamais n'en démord. D'autres déferlantes alors le submergent, celles de l'inspiration – la mer, c'en est une mine !

Il compose, il écrit : des « Chants de la fureur », très long poème à géométrie variable ; il extraira un trésor d'émotion : « La mémoire et la mer ». Cette chanson-tube, Léo la chantera pour la première fois à la fin de l'été 1969 à Port-Kerdruc, en Bretagne, pour une télé de Raoul Sangla sur l'homme du lieu : l'écrivain Paul Guimard. Ce jour-là, il l'appelle « Ma Bretagne à moi ». Ont suivi de nombreux remaniements avant la version enregistrée... et d'autres viendront encore bien après.

*

Dans ton obsédant fantasme marin, toi, Léo, tu es une île, une île de tendresse et d'amour – affirmation d'un sentiment profond qui ne va pas manquer de faire tousser la foultitude de pépés-mémés qui n'ont jamais connu de toi que l'image galvaudée par cette pute de télé qui les tient en laisse (leur nourriture unique, leur seule référence) et, dis-toi bien, les idées ainsi ancrées sont indéboulonnables.

Ton congénital trop-plein de tendresse, tu n'en es que trop conscient. Tu t'en fais une montagne, comme d'une tare, d'une faille dans ta cuirasse – nom de dlà, la pudeur, quelle plaie ! Alors tu te blindes, tu t'efforces d'afficher amertume et agressivité à l'écran qu'est déjà maso, ce masque mauvais qui te convient si mal et qui braque le populo. Combien de fois te l'ai-je dit :

— Tu pourrais faire un ptit effort, non ? Un sourire, ça t'arracherait la gueule ?

— Je vis masqué. Je veux dire par là cette cire commode dont on se peint le visage et, bien mieux, les sentiments, dès qu'on se sent traqué, soumis des fois et, au mieux, vaincu.

Eh oui ! tout d'amour et de tendresse qu'elle soit, l'île Ferré n'offre aux regards touristes que l'amas vertigineux de rocs abrupts dressés pour mieux t'isoler du grand large – le monde que tu crains tant –, cet océan trop souvent démonté qui vient gronder sous tes fenêtres, sur tes brisants déferler l'écume à la bouche…

Par contre, deux fois le jour, à marée basse – quand baisse la garde l'écorché vif, l'enragé provocateur –, on peut voir s'étoiler tous azimuts des constellations de doigts de sable, des isthmes d'amour qui mènent de plain-pied d'abord vers les femmes, bien sûr – jusqu'à cette coquinerie (qui en dérange plus d'un) de l'innocent Léo jouant les pervers : « Petite. » Vers la gent animale, « Les chéris » – qui ne connaît son amour pour les chiens, pour sa chimpe « adorable » (et pourtant si chiante !), la « Pépée » tant chantée ? –, et jusqu'aux monstrueuse bacchantes qui mangent le sourire et les pleurs de ce vieux fou de Nietzsche pendu au cou du cheval battu de Turin. Vers ses semblables aussi : « Anarchie égale vouloir le bonheur de tous en cette vie, privilégier l'individu au groupe. » Vers la nature enfin : « Quand on scie un arbre, j'ai mal à la jambe. »

Une île, c'est-y pas peinard ? « Loin des ballots et d'leur système. » En marge. D'accord avec Prévert : « Suivre le droit chemin pour mourir la conscience tranquille en se faisant honnêtement écraser » ? – merci bien !

« Et je m'endors sur les brisants... Quand je me glisse dans le texte, la vague me prend tout mon sang. Je suis le sexe de la mer, j'ouvre mon phare et j'y vois clair. »

*

Sacré poète, tu nous tues ! Charge d'intense émotion, tes mots sont aussi et surtout une réponse à nos inquiétudes. Ce sont, tes mots, l'amour de l'amour enfin rendu à ces milliers de jeunes qui t'acclament en prophète.

Quelqu'une, toujours la même, a dit de toi : « Un cœur énorme qui explose d'amour. Pour le cœur, on le voit dans ses yeux remplis d'humanité, de tendresse. Pour l'amour, dans les mots du poète. »

« Être poète – écrit le poète Jocelyne François –, c'est injurier à coups de poèmes le mot “poétique”. »

Et Léo : « Les poètes, quand ils vivent on les moque, on les met en prison. Quand ils sont morts, on fouille dans leur vie, de préférence avec un groin de cochon. »

À notre cher Vialatte de conclure : « Il vient un âge où les hommes qu'on a connus finissent par avoir leur statue : à peine morts, les voilà entrés dans l'Antiquité du granit. Je n'aime pas voir ainsi mes amis, on n'est jamais plus mort qu'en bronze. Les Tibétains font des statues de beurre ; les enfants des statues de neige. Le beurre fond, la neige s'évapore, le bronze demeure et perpétue l'oubli. »

*

C'est à Guesclin que se situe le plus merveilleux souvenir de ma vie – qui, pourtant, n'en manque pas.

1964, ils se barrent dans leur chère île pour, leur septembre hors populo, se le couler doux, en emportant la cinquième mouture de mon *Roi des rats*. Jour après jour, c'est pas neuf mois mais pas moins de sept ans qu'il m'a fallu pour accoucher de mon *Roi des Rats*, sur l'incitation, les conseils, sous l'œil objectif et avec le suivi – il a tenu parole : « Je t'aiderai » – de mon Léo.

Les quatre premières moutures, il me les rend avec en marge ses critiques pas toujours tendres – et, soyons juste, avec celles de Madeleine – et, alors, youpee ! réconforté par ce coup de pied au cul, je me replonge au turbin.

« Comme un damné s'efforçant d'échapper à sa damnation, écrit Robert Belleret (mieux que je ne saurais ni n'oserais le faire), ligne après ligne il va se libérer au forceps des démons qui lui rongent le cœur, du rat qui lui a dévoré l'âme. Il s'invente un royaume d'amères réminiscences, un voyage à l'envers en romancie, un retour vers la lumière indochinoise d'avant le crépuscule – une rédaction expiation. Il s'expose au feu de l'écriture-confession pour bâtir une œuvre de "circonstances", peut-être, mais sûrement pas de circonstances atténuantes.

« Convaincre, c'est aussi l'enjeu de ce livre-cri terrible et terrifiant qui est une manière de condition humaine inversée… Regarde, France sublime, regarde tes petits enfants sages jouer à la guéguerre. Et Frot nous force à soutenir le regard sur l'insoutenable. »

ROI DES RATS

Entre-temps, j'ai embauché comme magasinier dans mon contreplaqué un égoutier mis en retraite en pleine force de l'âge : Maillard, un causeur, un pochtron sympathique, qui va me conter un jour l'incroyable :

Les rats vivent en communauté. Ils ont coutume – sélection et perpétuation de l'espèce – de choisir de six à huit nouveau-nés, deux mâles et des femelles, et de les lier en étoile par la queue. On planque la chose en un endroit inaccessible, on les nourrit, on attend la descendance.

Oui mais ce petit monstre – appelé « roi des rats » – est en quelque sorte impotent. À la première crue, incapable de nager il sombre. Suite à la montée des eaux après de gros orages, Maillard a vu plus de dix de ces pauvres étoiles flottantes…

On n'a jamais retrouvé vivant un roi des rats.

Je raconte à Léo :

— Le roi des rats ? Le voilà ton titre ! Parce que c'est pas un rat qui te ronge le cœur la tronche et la vie, c'est deux, c'est trois, c'est… le roi !

Par gratitude, mon « héros » s'appellera Maillard.

Je suis plongé dans mon contreplaqué quand, sur le coup de midi, Léo au téléphone :

— Faut qu'on se voie, very important. Je te dérange pas pour des prunes, tu verras, tu seras content. Écoute bien : il te reste huit plombes pour tracer la route jusqu'à Guesclin. La mer recouvre à vingt heures pétantes, dernier poilouchet de carat… et, avec elle, tu le sais, y a pas de sursis. T'as juste le temps, alors fissa !

Dans ma guinde je bondis aussitôt, et me vlà taillant la route sans plus rigoler : huit heures, c'est du plus que juste.

Mais sans encombre j'arrive à me pointer à la nuit tombante. Je vais m'engager sur la plage – la route n'existe pas encore – et là, éblouissement : l'île, une miniature de Mont-Saint-Michel illuminé, une pyramide de lumières ! Des lampes-tempête (y a pas l'électricité) à chaque fenêtre et sur le mur d'enceinte, tant et plus, de bas en haut !

Je traverse juste à temps – reste le fameux « doigt de sable de la terre » –, je grimpe les escaliers, traverse la cour, ouvre la lourde et me fige.

Devant moi, sur la grande table espagnole, à la lueur d'un chandelier trois bougies près duquel attendent un seau à champagne et trois coupes, s'étalent en chemin de fer les feuillets manuscrits d'une préface de Léo.

Une porte s'ouvre, ils entrent en souriant large, on s'embrasse, on trinque, on est heureux…

7

L'ANARCHE DE NOÉ

Les esprits valent selon ce qu'ils exigent.
Je vaux ce que je veux.

Paul Valéry

En 1960, Ferré signe avec Eddie Barclay dont il devient l'ami – ah ses longues tiges de Cuba ! t'en avais plein la gueule... à sa table des bouffes régaluches, et son toujours bon sourire, son affabilité –, non feinte l'admiration du chanteur pour cet Édouard Ruault, pianiste fils de bougnat qui, féru de jazz et pilier des caves de Saint-Germain-des-Prés, sur une intuition partira négocier aux États-Unis et introduira en Françousie le 45 tours, la grande vogue qu'on sait. Sur tous les tubes du moment, il sort sous le label Barclay, créé à cet effet, des enregistrements de son cru qu'il livre lui-même aux disquaires... à vélo ! Léo, c'est ce dernier détail qui, plus que l'entreprise, lui fait mouche.

En rafales vont alors se succéder les récitals parisiens – Vieux-Colombier, Alhambra, ABC – et les titres à succès.

Premier enregistrement aux Studios Barclay à partir du 10 novembre 1960 : « Paname », « Les poètes », (la préférée d'Eddie), « Jolie môme », « Merde à Vauban », « Comme à Ostende »...

Et, en janvier 1961, grande rentrée parisienne au Vieux-Colombier.

On dira plus tard : Les années Barclay ? Sa grande période ! Années bénies que va transcender la mise en musique des poèmes de Verlaine, Rimbaud, Baudelaire, toutes perles d'un orient sans pareil superbement orchestrées par Jean-Michel Defaye – sans oublier Aragon qui, dans le livret de son album, n'hésitera pas à affirmer : « Il faudra récrire l'histoire littéraire un peu différemment à cause de Léo Ferré. »

Parenthèse dans ce monde de la chanson, reconnaissance de Ferré dans le monde de la poésie : dans sa collection « Poètes d'aujourd'hui », Pierre Seghers accueille Ferré, un événement : c'est la première fois qu'y figure un auteur-compositeur-interprète.

Dans le même temps, en Livre de poche paraît sa préface aux *Poèmes saturniens* de Verlaine où, plus que sur Verlaine, Léo charge à fond sur la poésie et la condition de poète.

*

Pourquoi faut-il que, sous tant de bel azur, son satané démon lui colle un adorable petit fauve sur les bras ? – et dans les pattes la dernière des embûches, qui sera capitale pour la suite de sa vie et de sa carrière.

Mars 1961, L'Alhambra, avec en première partie l'incroyable numéro de Serge Davri, le fantaisiste plus que foldingue et plus que marrant, de son vrai nom Serge Djougachvili, neveu d'un certain Joseph Vissarionovitch Djougachvili… dit Staline. Tout en chantant « Je suis le maître à bord », il se casse des assiettes sur le crâne et finit en plongeant dans la fosse d'orchestre ; puis, le ménage étant fait sur le désastre, le duo Roger Pierre et Jean-Marc Thibault, ainsi, hélas, que The Marquis Family, acrobaties désopilantes de chimpanzés – pourquoi hélas ? hé ! l'irruption de Pépée dans la vie de Léo et tout ce qui s'ensuivra.

Cet Alhambra, un succès énorme ! Au point que Ferré est tout de suite reprogrammé l'année même en récital.

Le Jim américain, dresseur des chimps, dit un soir à Madeleine : « Il faut que je te présente ma petite dernière, un bébé fille de deux mois. Tu vas craquer. »

Et, de fait, elle qui souffre d'être sans enfant – d'un premier mariage elle a eu, toute jeune, une fille, Annie, qu'elle n'a pas eu le bonheur de porter dans ses bras, grandie hors d'elle, à Cosne, chez ses grands-parents –, devant le si mignon bébé dans ses langes, flash ! elle se prend d'amour.

Léo, lui, voit ça d'un très mauvais œil :

— Oh la la ! quelle merde ça va être…

Et, lorsqu'il vient en coulisse se jeter un gorgeon de flotte, que d'un coup de serviette je lui torche la sueur qui sur sa gueule ruisselle :

— Elle est encore avec cette bestiole !

Ouais… mais c'est pas lui qui porte la culotte.

« Cet homme nous a amené Pépée, de suite nous l'avons adoptée. Mais il nous avait prévenus : “Attention, si ce n'est pas vous les patrons, ce sera elle.” J'ai eu le tort de ne pas tenir compte de cet avertissement, ç'a été elle la patronne. C'était, cette enfant, d'un encombrement affectif terrible, et d'un encombrement physique plus terrible encore… Parce qu'un chimp', c'est dans sa nature de toujours vouloir grimper plus haut et, quand ça grimpe sur votre toit et vous gicle les tuiles !… Dans ma baraque, du coup, il pleuvait.

On me croyait vivre en un château, mais personne ne pouvait imaginer que c'était une masure malheureuse : l'œuvre de Pépée... Elle était la reine de cette merdouille, mais c'était ma fillotte bien-aimée... Moi, des gosses, que nib j'en avais fait... Et puis il a fallu que cet Amerlo me fasse un jour don d'un enfant.

Un chimpanzé n'est pas un singe mais un anthropoïde : comme nous les humanoïdes, il n'a pas de queue. Très proches de nous, les chimpanzés nous ressemblent – il y a un abîme aussi considérable entre le chimp' et le chien qu'entre le chien et nozigues. On dit qu'ils singent l'homme, mais les enfants ne le singent-ils pas ?

Quand, dans une cage voyant un chimpanzé, qui ne se marre ? Il est si drôle, le drôle. Pourquoi ? Parce qu'il te ressemble tellement, camarade, que tu ris pour ne pas pleurer.

Qui aime ne le peut sans aimer la gent animale, ces êtres innocents qu'on ne protège pas assez malgré les pétitions. Reste un tas de sales gens qui, les bêtes – jusque et d'abord « ces sales petites bêtes » qui leur causent de menus tracas –, ne s'en soucient, n'en ont que foutre. C'est dégueulasse ! »

*

Les Ferré adoptent l'enfant qu'ils n'ont pas. D'abord nommée « Jolie Môme » – en référence à la chanson mais aussi au gentil petit singe « Joli Cœur » du *Sans famille* d'Hector Malot –, puis tout de suite appelée Pépée et bientôt, pour un Léo attendri, Crabouche. Ce sera donc la célébrissime Pépée... et c'est le début de la fin, dès qu'elle peut grimper aux rideaux et sauter par la fenêtre pour aller semer le souk chez les voisins : problème.

Insoluble ? Non.

*

Ils partent s'installer dans une nouvelle résidence – dégotée par l'ami Serge Arnoux, peintre sur tissus établi à Saint-Céré – près de Gourdon, dans le Lot, au château de Saint-Clair pour moitié ruiné, qui domine la vallée du haut de Pech-Rigal, au plein mille de bois de châtaigniers – à l'entrée de chacun des deux chemins une pancarte : « Animaux dangereux, défense absolue d'entrer, danger », certains de ne plus emmerder les voisins : y en a pas.

Voire… Je me souviens de ce jour où, la Pépée ayant disparu – son unique fugue –, nous la récupérons par miracle à des kilomètres de là, toute pleurnicharde, dans la maisonnette de la garde-barrière qu'elle a destroy, buffet vaisselle armoire tout foutu en l'air ! Et cette pauvre vieille femme tassée contre le mur au dos de son gourbi, en larmes et grelottant de terreur, que je parviens à apaiser en la prenant dans mes bras.

À ta place, mon Macoute, tout un chacun de sens commun n'aurait pu que penser : ces gens du château, c'est du drôle de monde. Toi, tu te fends la pêche, t'es pas loin, ah ces « artisses » ! de trouver ça normal…

Des originaux à côté de la plaque – au cœur comme île cocagne, certes – qui vivent en reclus dans leur citadelle aux toits crevés, gouttières en débâcle, fenêtres sans carreaux, chauffage qu'es aquò, téléphone estourbi depuis belle lurette…

Toute une aile écroulée, tas de briques, parquets désossés, un dépotoir de meubles fracassés, la grande pitié des ébénos de France qui s'entassent là à mesure que se vident les pièces encore habitables.

L'électricité fonctionne pour l'instant mais, sinon sainte télé, c'est pour pas grand-chose : des loupiotes y en a plus guère, bousillées. Par contre, le jus circule comme chez lui où vaudrait mieux pas : dans les canalisations, dans les placards tôle émaillée de la cuisine. Cent fois par jour tu prends la bourre : c'est une maison piégée. Malheur si tu tires en turlupin la chaîne de la chasse d'eau : tu craches le feu Saint-Elme et t'éclabousses les fesses au 220.

Malheur si tu t'aventures dans la cour en joli cœur : les tuiles pleuvent, s'écrasent à tes pieds comme obus de mortier viêts : c'est Diên Biên Phu ! Ce pilonnage, c'est leur Pépée qui fait joujou de là-haut son toit, comme est son œuvre tout ce grand boxif qui se déglingue.

Ah ça, elle est active, leur fille chérie ! et douée d'une force herculine, la pulcinella – grâce à elle, en lambeaux, peu à peu, le château... et bientôt les cœurs aussi...

À table, le midi (au dîner y a belle lurette qu'elle est au pieu), dans le somptueux décor d'une grande salle vide, le désastre.

Elle pioche dans ton assiette, sirote ton verre : « Que c'est mignon ! » Bave un peu ; se livre sous ton nez à quelque mixture, ripopée à haut-le-cœur ; engloutit tes meilleurs morceaux, voire ton bif rasibus – un jour de foie gras, hop ! le rafle entier avant service et se barre en ricanant, bonjour le foie gras !

Et tu oserais te montrer mesquin envers l'adorable ?

Ton vin, le renverse sur ton pantalon : « Maladresse ! » Au lieu de vin c'est une pissette : « Accident ! » Surgissant dans ton dos, ôte brusquement la chaise de sous ton cul : « Espièglerie ! »

Ou bien, te poissant par le cou, te bascule pardessus le dossier, répandu te voilà elle te piétine en riant de bonheur, te roue, fait mine de choisir qui de toi ou du siège sera brisé ; te traîne sur la dalle jusqu'à la cheminée monumentale, à la corniche t'y accroche et sous ta dépouille se livre en couinant à la danse du Sioux : « Faut bien qu'elle jette sa gourme, cette petite ! »

Sous la table argougne ta guibolle et hargn ! à pleines dents la morgane… Tout de même !… Mais on a vu pire… Siffle ta tasse de caoua puis te la tend, grippe la main que tu avances et ran ! se la morfile. « Oh, Pépée ! Il est gentil, tonton, lui fais pas de mal. »

Ben voyons… Mais bah ! ne dramatisons pas – d'autant qu'au moindre cri, croyant que tu en as après papa maman, ongles en avant elle te bondit à la gueule ! Stoïque, muet, mais la grimace… Alors maman dit dans un beau sourire : « Elle joue ! »

Maman qui s'attendrit devant ces prunelles vifargent fixées à travers toi sur la ligne bleue de Nibergue : « Ce qu'il peut y avoir derrière ces yeux… » Oui, va-t'en me le dire, penses-tu en léchant tes morsures, désinfection, désinvolture…

Maman qui un jour décroche le téléphone et au nouveau préfet qui tient à rencontrer « sa » star :

— Entendu pour demain à dîner… Mais, surtout, venez en dégueulasses !

S'il veut pas de dégâts, l'homme d'État, il a intérêt !

*

Papa, lui, devant ce cirque perd souvent les pédales, invoque ses ancêtres et divers excréments : il brandit haut son revolver bidon (qu'il appelle, en patois monégasque, son rabatan), c'est la seule chose au monde qu'elle craigne encore un peu.

— Attention ! tu te calmes... Papa va sortir son rabatan...

Après moult hurlantes semonces, rendu à bout il en vient, bras levé, à vider son barillet : fumée, vacarme, échos, panique et larmes dans l'aigu... La paix redescend sur terre, aux hommes de bonne volonté, cinq minutes...

Pour sauver ses chats, il vit, papa, le colt en pogne. Il ne sait pas qu'à l'occasion maman prête le joujou à la charmante qui le tète goulûment, en vient même à le réclamer !

Les greffiers miaoutants, ils sont une centaine en subsistance au château... et autant de clébards ! Maman passe ses journées en tambouille : comme pour l'adoration perpétuelle, que jamais devant l'autel-gazinière la place de l'officiant ne reste vide.

Marmites à bouillir grand train ; prochaine soupe prête à être montée ; table surchargée légumes bidoche mous abats et rizette et blédine et quignons de pain ; tintamarre des coups de fendoir, des couteaux qu'on affûte, de la succion des louches dans la pâtée, du splatch des rations jetées dans les cent cuvettes plastoc qui sont les auges d'Écurias...

Le service commence tôt, enchaînant furioso la grand-messe aux matines et les vêpres à la messe, en nocturne l'office s'achevant – l'archivaisselle ne venant qu'après retour de la camionnette en tournée-distribution de bonheur-du-jour aux hordes à l'espère par tout le voisinage.

Une follingue Anarche de Noé ! Mais Noé, que l'on sache, laissait à son Patron le soin de pourvoir à la subsistance de sa cargaison, non ? Maman, elle, assume avec un amour jamais démenti ses dix mille matous, ses dix mille clebs et, passé le quarantième jour – et de très loin –, sans une plainte jamais ne lâchera ni corbeau ni colombe.

Heureusement, fille des Parques, veille l'innocente. En jouant, vaille que vaille, des chats elle t'en dévisse bien huit à dix la semaine, le petit ange – toujours autant de gagné !

*

Il n'arrête pas de se plaindre, le Léomuche, qui finit par en avoir sa claque de tout ce bordel : personne ne vient plus jamais les voir – sorti de mézig qui m'en suis fait une habitude, un devoir, un plaisir, hé ! faudrait vraiment être maso !

« Le plancher part en couillosof, écrira-t-il dans son journal, les petits chient, je ramasse tant bien que mal. Bambino vient sur mes genoux, adorable môme ! Maintenant, on parle plus des chimps, ça fait chier tout le monde. Et Annie, et Maurice, et Popaul, et les autres. Nous sommes bien seuls dans notre misère de tendresse… »

Trop en mal du vide, du fin fond de son Perdrigal :

— Radine fissa ! me somme-t-il parfois.

Et tel un scout toujours prêt :

— Voilà, voilà, Léo, j'arrive. Par Poitiers, par Bordeaux ou par Nijni-Novgorod j'en sais foutre rien, demain je me pointe…

Hé, entre nous, les amis !… Si les chimères ont pour vous moins d'importance que la matérielle… si les doigts de Pépée dans votre assiette, ses baisers à pleine bouche et sa main en travers de votre gueule ne vous semblent pas être la menue monnaie de ses bras autour de votre cou… alors venez pas avec moi chez les tortoreurs de mythes.

Vaut mieux pas, hein ? vaut mieux pas.

*

Oui, la Pépée, fallait s'la faire !

Surtout toi, Macoute, qu'étais son compagnon de jeu, son souffre-douleur de prédilection. Mais si souvent elle t'enlaçait de ses quatre bras, te plaquait de gros bisous et même – oserais-je le dire ? – des langouses fourrées, oui !

Je ne peux me rappeler sans rire la cérémonie quotidienne du coucher de la demoiselle :

Maman, en main un bol de tilleul, la fougine à moitié endormie à pleins bras :

— Maurice, tu te pointes ?

Nous vlà tous trois grimpant l'escalier, installant l'adorable sur son pot de chambre. Là, cul bien calé, sans ouvrir les yeux la pitchoune boit son tilleul, rend le bol, se redresse et, d'une traite, s'enfile son pot de pipi – les us et coutumes de la jungle, il t'en reste à apprendre…

Yes, marrant. À la longue lassant, insupportable.

Avec, néanmoins, quelques nuances.

Ainsi ce jour de prise de télé où, sur le canapé tanké face à la caméra, nous sommes tous trois assis avec l'interviouveur – Pépée, elle, qui veut pas en perdre une bouchée, folâtre sur le dossier, un briquet en pogne. Quand le mec, tout en parlant, sort de son paquet une pipe qu'il colle à ses lèvres, aussi sec la Pépée se précipite et la lui allume. Lui, tout à son affaire n'a rien vu, sans savoir à qui machinalement dit : « Merci. »

Ainsi, quand Popaul le pianiste aveugle se radine – très rarement – pour répéter, jamais elle ne l'emmerde.

A-t-elle compris ?

Pour expliquer la suite, il faut dire qu'à table elle a une manie : à tout moment elle emplit de vin un verre qu'elle te tend pour venir écouter, l'oreille collée à ta gorge et salivant de plaisir, le gargouillis de la déglutition.

Un jour, en fin de déjeuner, faisant table longue en sirotant nous devisons, quand la Pépée tend un godet à notre Popaul et approche de son cou son oreille. Bien évidemment, le mirot ne bronche pas. Reposé le verre, elle lui passe et repasse sa main devant les yeux, comme on ferait tous, pour s'assurer que. Nous en restons sur le cul ! Elle a pigé !

C'est aussi ça, Pépée.

*

Si encore on s'en tenait là...

Mais aux artistes la vie sensible, n'est-ce pas ? l'exaltation ravageuse, l'irresponsabilité...

Car, si chacun connaît l'existence de la « guenon » – son père a tant chanté le requiem de sa fin tragique (tu veux rire ? un journaliste avait titré son article-commentaires : « Requiem pour un grand-père » !) –, peu savent qu'en quelques années la famille s'agrandit, se chimpanzéïfie : quatre autres tout autant « adorables » achetés à un cirque de passage ; entre-temps un poney, une chevrette, une meute de chiens et des chats par dizaines, quarante-neuf moutons, huit vaches et un taureau, l'Arthur, sans oublier l'énorme cochon dit Baba, sauvé du couteau par une poignée de talbins au paysan proche voisin – ce pauvre Mazet si paumé une fois digérés les fafiots : « Hé ! qu'est-ce que c'est un homme sans saucisse ni jambon pendus à son plafond ? J'en suis à acheter mon pâté à la Coop ! »

Baba, ah mon très cher ami Baba !... Devenu familier du château où, tous les soirs, tardive irruption pour réclamer en grognant gentiment ses bonbons jaunes, une cuvette de maïs qu'il déguste dans la cour.

Rassasié, ça ne manque pas il entre dans la salle et se dirige droit vers le tiroir gauche de la table qu'il frappe du groin : il sait que se tiennent là les bonbons. J'en prends un que je lance en l'air, et mon Baba, dressé sur deux pattes comme savent le faire les chiens, dans un claquement de mâchoires le happe au vol – tu croyais qu'ils étaient cons, les cochons ?

Après quoi, il va sagement s'asseoir près de Pépée devant la télé, tous deux attentifs, fascinés, presque applaudissant aux péripéties du western, faut l'avoir vu pour le croire...

Et t'as pas pris de photo ?

Ben non, entre mille autres folies furieuses, ce n'était que du très banal quotidien.

*

À ce train la vie devient vite invivable, on va qu'on se clochardise. L'isolement absolu, loin du métier, les galas se font rares, et puis le constant souci de cette tribu d'amour !

La journée, installé peinardos sous les grands châtaigniers où trapèze Pépée, le poète plonge dans sa « banque » et, sous des solfèges d'oiseaux tous jazzimuts, travaille copieux – de 1967 date l'album où ses fans verront le coup d'envoi de Mai 68 : « La Marseillaise », « Les gares, les ports », « Ils ont voté », « Salut beatnik », « Quartier latin »... Dans cet album de douze chansons devait en figurer une treizième. L'évacuée n'est autre que « À une chanteuse morte », très émouvante chanson à la gloire d'Édith Piaf.

Giclée pourquoi ? Les avocats ont eu les jetons. Because Mireille Mathieu, la number one du moment, enregistrait chez Barclay et que le grand Stark, son manager, n'avait pas la réputation de plaisanter. Or, dans les derniers vers il était dit « On ne l'a pas remplacée quoi qu'en dise monsieur Stark. »

Stark, que je rencontre deux ans après et qui me dit :

— J'ai rien demandé ! Et j'aurais pas moufté ! C'est un honneur que d'avoir son nom cité dans une chanson de Ferré.

Et puis, le virus ne l'ayant jamais quitté, il installe dans une dépendance, à quelques centaines de mètres du château par un sentier ronceux à travers bois, une véritable imprimerie gros module... Habile artisan, Léo, il a le goût et même la passion de la chose imprimée.

Raison pour laquelle, pressé par lui, j'abandonne tout de mon boulot et de ma vie – après dix-huit ans de harnais je plaque définitivement mon contreplaqué –, pour le seconder je vais le rejoindre.

Oui, du taf m'attend. On va s'attaquer cette fois à un véritable bouquin. Car, devant son ennui profond, Léo a convaincu Madeleine d'écrire son journal de bord – et c'est vrai qu'elle a de la plume. En fait de plume, elle choisit son vieux cher magnéto, et jour après jour se lance.

Sur sa Diatype – quel mal il se donne ! –, doigt après doigt, au pointillé, Léo saisit le texte qu'il a d'abord décrypté.

Ce sera *Les Mémoires d'un* – mais non, pas d'un âne – *Les Mémoires d'un magnétophone*[1].

---

1. Éditions du Perdrigal, 1967.

*

On est encore, pour un temps, au temps où la Madiche m'adore. Dans ses *Mémoires* :

« Je mets la main aux amis qui nous restent, la dernière main. Il y a toujours les mêmes : Maurice et Groot... Maurice, lui, vient souvent. Il fait quasiment partie de la famille et reste le lien le plus fort avec hier... et demain.

« Nous te connaissons bien, avec tes défauts et tes immenses qualités, ton humanité. Tu es un homme, il n'y en a plus beaucoup... et puis tu nous aimes, ça explique tout. De temps à autre, des atomes crochus entre toi et moi, des jugements informulés sur les êtres, des ironies qu'on ne peut montrer et aussi la lassitude de vivre. Tu es le mec des “à-quoi-bon”... Parfois je te vois seul, embarqué sur un chalutier qui ne va nulle part, avec sur tes épaules un baluchon de vent... Quand tu viens, c'est une joie pour moi. Notre histoire à tous les trois, elle est longue. Elle a été parfois difficile, mais ça fait l'amitié, au jour le jour. Pendant les années dures, tu étais avec nous, à la joie, à la peine... »

Et, plus loin :

« Pendant que je faisais la vaisselle et que je lui parlais de cette étrange vie recluse et seule que j'ai ici, Maurice me dit : “Tu sais, j'ai compris le drame des hommes et des femmes. Les hommes, ils jouent toujours. Les femmes, jamais. Les femmes, c'est constamment la tragédie grecque... en vrai !” »

Je parlais pas en l'air, la tragédie classique était pour moi plus que jouée, dans le ciel et dans les yeux de chacun des deux, elle était déjà inscrite. Unité de lieu et de temps, Eschyle et Eurydice n'étaient pas si loin.

Noire, noire, la pauvre Madeleine…

« Noire, Pépée, la vie est noire… Les "tu es une sainte" de Léo tombent sans effets heureux… comme un qui dirait : ce que tu peux être conne ! »

*

Le temps à pondre ou à imprimer, pour lui, okay.

Mais elle, sa meuf au poète, sortie de son magnéto, dans les bois, hé hé ! elle y fait la vaisselle ?

Ben ça n'a pas tardé. Très vite, se faisant tartir, elle se laisse aller à picoler – du matin au soir un verre ici, un verre là, petite nature, il lui en faut pas beaucoup.

D'où des soirées d'enfer, oh putemoigne ! Agressive la Mado ! Pauvre esseulée désemparée, beurrée pastis bière et whiscotch, des soirées plutôt chaudes sur la corde raide, ça pilonne, c'est Verdun !

« Tant elle repousse du goulot, il me semble que je couche avec mon maçon ! »

*

Un peu d'air ! La Mad expédiée vit'fait en croisière sur le *France* pour New York. Elle, dans son journal : « Je vais être obligée d'accepter huit, dix jours, de laisser l'arche de Noé à mes deux hommes. »

Pour lui tenir compagnie : Marie.

Marie ? Qui qu'c'est-y celle-là ?

Dans le staff des Ferré, parmi d'autres il y a Marie-Christine, une très jeune fille (pas chichi-pompon pour deux ronds), faisant plus et mieux qu'office de gouvernante de la sacrée baraque et de mère suppléante de la fichue tribu d'amour, à l'occasion ne rechignant pas à me donner un coup de main à l'imprimerie – le sourire toujours, la finesse d'esprit, un dévouement sans limite, c'est tout Marie.

Marie-Christine Diaz, jeune Espagnole née à San Sebastian en 1947, alors que ses parents émigraient en l'accueillante Françousie qui s'empressa de les enfermer plusieurs mois au camp de Gurs. Son paternel finit par obtenir un job à la coopérative laitière de Gourdon. Ils s'établirent dans une maison tout en haut des collines où je me suis régalé, un midi, d'une poêlée de patates sautées aux cèpes. Marie aura sept frères et sœurs.

C'est plutôt son histoire à elle – aujourd'hui Madame Ferré, mère de leurs trois enfants – qu'il me faudrait conter.

Marie-Christine n'a pas eu à se battre contre son destin de réfugiée espagnole pauvre, c'est au contraire son destin qui l'a conduite dans les eaux territoriales de Léo. Par contre, elle a passé leur longue vie commune à se battre pied à pied pour que Léo, ce déjà bel allumé, ne sombre pas chtarbé plein pot (mais n'était-ce pas pour lui l'attraction de la dérive ?), comme avec les dents elle se bat encore aujourd'hui pour le respect de sa mémoire.

*

C'est encore une fois en cours de vaisselle – la vaisselle on n'en sortait pas, tant et tant de galtouses à chiens-chats et, justement, nous rentrions de la « tournée des chats » (camionnette, cuvettes garnies, par paquets ici et là les greffiers attendent leur pitance) – que, le soir même du départ des deux nanas pour leurs Amériques, après hésitations détours et circonvolutions mon Léo se décide à cracher le morceau, à me confier ce qui lui tient à cœur : le secret de sa double vie.

— T'es si pote avec la Mado que ça me fait peine, mais on se cache rien, hein ? Si je te disais que j'aime une autre femme ?

— Figure-toi, camarade, je le savais.

— Ah fichtre ! Et comment ça ?

— Hé, rigolo ! Depuis des payes où je te vois te laisser aller clodo, te vlà propret, sou neuf, pimpant rasé de près, chemise nickel tous les jours... Tu me prends pour un con ?

— Toi qu'es si fortiche, alors tu peux me dire qui ?

— Bessif, sans problème... Y en a pas d'autre à la ronde qui la vaille, c'est forcément la jeune, la joviale, la séduisante Marie-Christine...

*

Tant que nous en sommes à la cuisine, c'est plus fort que moi faut que je te raconte les écrevisses...

Une amie intime et proche voisine fait cadeau aux deux célibataires d'un sac d'écrevisses fraîches prises – dans la dramatique salade qui s'ensuivra, ayant pris le parti de Madeleine auprès de qui elle a vécu les jours désemparés, elle deviendra dans l'œuvre de Léo « La salope de Cahors » (no comment).

— Chouette, dit Léo, mais comment qu'on s'en démerde ?

— T'inquiète, simplissimus : en cinq minutes, au cognac je te nous les fris à la poêle. T'es prêt ? Mets donc la table.

Mais il veut assister au miracle et reste là – heureusement !

Poêle sur le gaz, noires bestioles promises au rouge – encore l'anarchie ? –, ça grésille, ça vient, mais me semble alors qu'on manque de pétrole. Au lieu, pauvre débile, d'arroser d'un demi-verre de jaja, j'empoigne ma boutanche de cognac et sur la succulence goulot bas la renverse...

Explosion ! Flammes ! Aspirée, la bouteille se vide, son souffle disperse les écrevisses partout la cuistance et fout le rif à mon entreprise... et aussi au cuisinier : une torche vivante !

Léo se précipite et, je ne sais comment, parvient à m'éteindre.

Peu après à nous régaloucher :

— Je suis content – un Léo rigolard et fier de son intervention –, j'ai appris la recette des écrevisses à la kamikaze !

*

Lorsque, quelques mois après son retour, Madeleine finit par s'en prendre à moi – je ne pouvais, tiens, pardi ! qu'être l'odieux fouteur de merde à l'origine de leur discorde –, à bout et plus qu'à bout j'explose :

— Allez, allez, je me tire ! Ici va y avoir un mort et ça sera pas moi.

Je fais mon paquetage et le soir même taille la route. En m'amenant prendre mon dur, Léo, tout retourné :

— Tu me lâches...

Une arche de Noé à la dérive, oui.

À son bord un couple maudit qui s'y tient encaqué depuis des ans – alors que l'arche, on le sait, ne peut guère tenir l'eau plus de quarante jours.

8

« JE DONNERAIS DIX JOURS DE MA VIE[1] »

Les absents ont toujours tort
de revenir.

Jules Renard

« Je suis sorti, il ventait, il pleuvait, il merdait… La nature c'est une drôlesse, rien qu'un peu de charme planté de chênes drus et tristes. Les arbres, quand ils pensent, ça fait un bruit de soie tout alentour, de la musique, quoi !

Maintenant, on parle plus des chimps ; ça fait chier tout le monde, et Annie, et Maurice, et Popaul, et les autres. Nous sommes bien seuls dans notre misère de tendresse… notre château qui se déplume.

Ferré ? Profession ? Chanteur ! Cela ne cesse de m'étonner que je puisse nourrir tant et tant avec ma voix ! Si je n'avais pas de voix, tiens ! il y a longtemps que je serais derrière une table de roulette… croupier. Merde !

La littérature, des fois, c'est pas si près de la vie qu'on veut bien le prétendre. Les choses prises sur le vif ne se racontent pas. Elles sont.

---

1. Extraits du journal de Léo Ferré, du 1er au 11 janvier 1968, paru dans *La Rue, revue culturelle et littéraire d'expression anarchiste*, N° 1, mai 1968.

À la télé ce soir "Ostende" chantée par mézigouchet... et des images à faire fuir. Quelle horreur ces gens qui filment sans rien y comprendre. De quel droit passent-ils ma chanson (paroles of Caussimon, bien sûr), pourquoi se servent-ils de nous ainsi ? À quelles putains croient-ils avoir affaire ? »

*

« Et puis, tiens... j'arrête. Nous sommes faits comme des rats dans un Boeing qui ne doit plus jamais redescendre.

La vie toujours recommencée par les mêmes gestes, les mêmes mastications, les mêmes vidanges aussi... Je pense parfois à cette merde anonyme qui chaque jour, sur terre, s'amoncellerait jusqu'à nous submerder, n'était l'organisation plombée qui absorbe tout, même l'idée qu'on s'en pourrait faire. Nous sommes des monceaux d'ordure toujours prochaine. Tout est lavé, tout est béni. Le pape chie, messieurs, eh oui, et chaque fois l'anneau que vous baisez avec tant de religieuse ivresse ne quitte pas le doigt qui torche et qui nettoie l'auguste cul. Un cul, c'est un cul, mon révérend. Nous autres, de la branche nature, trouvons cela très bien – et Pépée aussi... mais elle n'a pas d'anneau, pauvre désolée, et défèque en toute innocence.

Une certaine tristesse, même écrite, ça n'est pas la tristesse. La tristesse parfaite est une sorte de nœud au fond de l'âme, un nœud à nouer l'incroyable inutilité de vivre... Et pourtant ça peut être un joli nœud, avec un beau ruban... comme une cravate. Les hommes qui s'habillent nouent leur tristesse en même temps que leur cravate. La cravate, c'est anonyme, comme la tristesse. »

*

« Ce 9 de janvier me rappelle la neuvaine, chez les curés. Ai-je été assez astreint à ces formulaires de bigoterie ! Neuvaine ! Scapulaire ! Carême ! Avent !... Rejet d'une sexualité rentrée... Il y a des mots qui me remontent comme si l'âme allait aux cabinets. Quelle misère, ces souvenirs, ces levers tôt, ces dents pas lavées, ces froids des matins de messes... *Dolce vita...* »

Léo Ferré
Les quat'cents Coups
La Liberté ou la Mort

9

DRAPEAUX NOIRS

Si tu veux être suivi,
il te faut courir plus vite que les autres.

Francis Picabia

Mai 68, « la révolte de l'intelligence ».

Sans drapeaux noirs ni barricades, son Mai 68 à lui, l'individualiste Ferré va se le faire avant tous : en mars-avril – si bien que la fracture sociale ne sera jamais pour lui que l'écho de la fracture de sa vie privée.

Le hasard n'existe pas : le 22 mars 1968 – non, pas à Nanterre (le mouvement du 22 mars qui a lancé le bordel), lui c'est à Gourdon – il fait sa révolution, totale, sans retour possible.

Le seul espoir est dans la fuite ? Ce jour-là il se tire : un gala à Elbeuf où, suite à une dernière embrouille, pour une fois il part seul… et dont il ne reviendra pas.

*

Je te raconte ?

Peu avant, sur la route… La pauvre Mado est au plus bas.

— Je vois le bout… Il faut en finir avec notre chemin qui ne va nulle part… Tu vois cette bagnole qui vient vers nous ? Si t'es pas un pédé, t'as le courage de te la prendre de front et terminé ! on est enfin peinards !

Léo se range sur le bas-côté :

— Arrête tes conneries, Madeleine, tu me fous en l'air !

— De toute façon, je l'ai décidé fort et dur, un jour proche, assise derrière toi, je t'enfilerai un sac plastique sur la tronche, et bonsoir !

Choqué, et y a de quoi, raison pour laquelle il a, ce soir du 22 mars, abaissé le dossier près de lui, recouvert le siège d'un plaid.

— Pas question, dit-elle, cette fois je voyage derrière.

— Avec ton sac plastique ?

Bref, après bien de pénibles simagrées, l'heure passant Léo partira seul. Pour toujours.

*

Sur le retour – car il y retourne –, il s'arrête pour appeler Madeleine :

— Je rentre. À condition que ça change.

— Rentre. Et planque tes os : j'ai acheté une carabine.

Il raccroche et tourne bride : direction Lyon, chez son copain de toujours Maurice Angeli (ce coup de fil de miséricorde, c'était à Vatan… « Va-t'en ! », il l'a pas fait exprès !)

De Lyon, aussitôt il me sonne, me met au courant de la sauce. Ainsi pendant deux semaines, quotidiennement. De son côté, la petite Marie de même, me tenant tant bien que mal au courant de l'ambiance – elle sait que je fais le lien – jusqu'à son dernier appel du samedi 6 avril :

— Cette fois, c'est Madeleine qui m'a prié d'appeler. Certaine que, si quelqu'un au monde peut joindre Léo, ça ne peut être que Frot (elle ne prononce jamais plus Maurice). Elle a dit : « Coup de semonce, si demain dimanche Léo n'est pas rentré, je tue Pépée. »

Pauvre Marie en larmes... Et moi, qu'est-ce que je fais ?... Cinq minutes de réflexions, pas plus, et je plonge : j'appelle Léo et lui balance le message.

— Qu'en penses-tu ?

Moi, faux derche :

— Chantage !... Tu sais bien que si tu rentres, c'est pour un nouvel enfer...

Tragédie grecque, dénouement.

Au soir du dimanche 7 avril de 1968, Pépée, Zaza l'autre chimpe et Baba (pourquoi le placide et pas si encombrant gentil cochon ? ça s'imposait ?) sont « proprement » exécutés par « le meilleur fusil du Lot ».

C'était, hélas – dois-je le dire ? – la seule issue possible.

Le soir du dimanche en question, « le cœur rongé par la cervelle », Léo n'y peut tenir. Il saute dans sa guinde et se pointe à Pech-Rigal le lundi au petit jour (nous savions par Marie qu'Annie avait rejoint sa mère pour la circonstance et qu'elle avait emmené – non seulement les trois derniers petits chimpanzés direction le zoo – la loque Madeleine, direction, elle, une clinique de désintoxication d'où l'irréductible se fera la paire deux jours plus tard !).

Pour, dès le lendemain, me balancer un coup de fil du genre calibre 12 :

— C'est toi qui as tué Pépée, et tu le sais.

Je ne suis pas innocent, non. Car, si c'était pour moi une fin inéluctable, j'avais eu l'imprudence de le dire à Mado : « Si j'étais un vrai frangin, pour vous libérer je flinguerais Pépée » – elle l'a noté dans ses *Mémoires d'un magnétophone.*

Carnage !

Pépée, la tête éclatée, dans une mare de sang gît sur le plancher de ce qui fut ma chambre, Baba à deux pas du château, Zaza dans sa « volière » (par fausse pudeur, ainsi appelait-on son immense palais-cage).

Derrière le pigeonnier, à la limite des rangs de pruniers, Léo fait creuser une tranchée et y ensevelit lui-même les trois innocents.

Mais, avant de coucher Pépée en terre, il lui passe au doigt son alliance.

Peu avant 2000 Marie-Christine me demande de l'accompagner pour deux expertises, la première à Guesclin, l'autre quelques mois plus tard à Pech-Rigal. Notre amie Thérèse est des deux parties.

À Pech-Rigal – mon cœur bat très fort –, lorsque nous montons à l'étage, Marie et l'expert sont devant, Thérèse les suit de près, moi je m'attarde à revivre chaque recoin.

Lorsque j'entre à mon tour dans ce qui, un temps, fut ma chambre, je vois ma Thérèse immobile entre lit et salle de bains qui me crie, affolée :

— Macoute ! J'peux plus bouger !

Moi je comprends tout de suite – je sais qu'elle est médium à ses heures –, je cours lui prendre la main et la tire à moi, hors de la large tache noire où je ne sais quelles ondes la tenaient captive : le lieu du crime.

*

Le soir même, récupérée, Marie est auprès de lui ; visages en deuil, ils s'en vont vers ils ne savent quelle aventure.

Premier avatar : dans l'hôtel de Caussade où ils passent leur première nuit, à l'aube déboulent les cognes (prévenus par on ne sait quel enculé) : « Contrôle ! » À quelques jours près, que ça se jouait : Marie vient tout juste de conclure ses vingt et un ans !

Comment ? Pourquoi ? Après maints errements, ils échouent et s'installent en Lozère, à Aumont-Aubrac (sur la route de Compostelle... symbole... promesse ?...), en l'auberge du sieur Atrazic – une figure ! un fou du volant comme pas un, Paris-Aumont pas le temps de faire ouf qu'il est là. Aumont où, peu après, seul à connaître leur retraite, je me pointerai à plusieurs reprises. J'y verrai les traits peu à peu reconstruits de mon Léo et le toujours grand sourire de Marie-Christine qui lui a là, je puis en témoigner, sauvé la vie.

*

Je passe la parole au camarade Belleret :

« 10 mai 1968. Gala à la Mutualité pour *Le Monde libertaire*, avec Henri Gougaud, Anne Vanderlove, Marcel Azzola. Bistrot où les trois copains cassent la croûte, quand se pointent, rue Monge, les drapeaux noirs. Intrigués ils sortent sur le pas de la porte et, aussitôt, la multitude l'apercevant : "Fer-ré-a-vec-nous !"

« Jusqu'à la fin de ses jours, Léo évoquera avec émotion cette rencontre avec ceux qui (dé)faisaient l'Histoire.

« Cette petite page d'actualité est rentrée dans la légende, sinon dans l'Histoire, et Ferré n'est pas loin d'être considéré comme le boutefeu de cette nuit incendiaire. Déjà, dans *L'Anarchie dans la société contemporaine*[1], Maurice Joyeux n'hésite pas à écrire : "C'est de la grande salle de la Mutualité où ils étaient venus entendre Ferré, le 10 mai 1968, que les anarchistes monteront vers le Boul'Mich' et la rue Gay-Lussac – où ils se retrouveront plus de vingt mille – pour participer à la nuit des barricades." »

*

On se calme : avant l'explosion, quelques contrats à honorer.

Le 13 avril, nos retrouvailles à Montluçon. Là me frappent son amaigrissement – conscient de l'inextricable boxon qu'il abandonne derrière lui, malade de culpabilité, c'est bien près de vingt kilos qu'il a tombés – et aussi cette lueur nouvelle dans les châsses : ferme dans sa détermination, il se *décolliérise.*

« Je vivais à genoux, je suis debout. »

Le loup déguisé en caniche est devenu lion.

Et tout de suite la Bretagne, trois galas pour la Fédération anarchiste. Le 24 avril, Léo nous rejoint à Vannes, Popaul et moi venus en dur, en compagnie d'un nouveau clébard recueilli, errant, en cours de route, et aussitôt baptisé Bruegel – qui ne tardera pas, dès le retour, à se faire la paire sur les routes lozériennes.

En frères accueillis par René Lochu, devenu doux ami, vieux marin libertaire très proche des mutins de

1. Casterman, 1970.

Pépée, l'enfant de la famille Ferré…

Les trois complices de toujours.
De gauche à droite : Maurice Frot, Paul Castanier, Léo Ferré.

1968. Popaul et Macoute découvrent la dernière-née : « Pépée. »

1969. Léo fait
le pitre, on se marre.

1969. Léo et Maurice à la gare de Strasbourg en compagnie de la photographe Geneviève Vanhaecke, dite « Le Kid ».

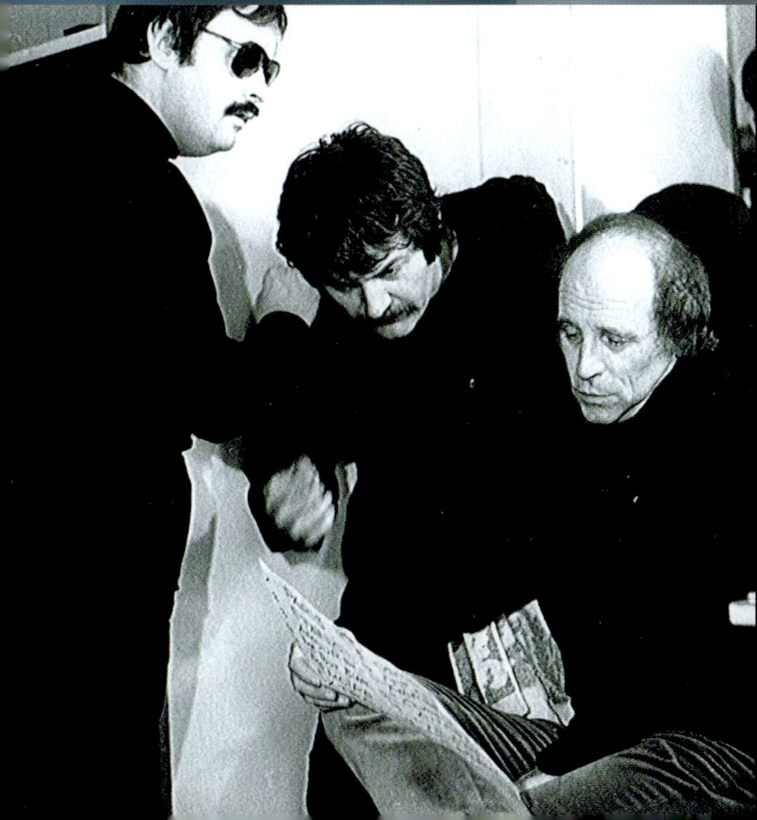

1969. L'équipe travaille sur le tour de chant de Bobino. *De gauche à droite* : Popaul, Macoute et Léo.

1969. Marie-
Christine Ferré
et Maurice Frot.

1970. À Vannes, avec l'ami
René Lochu.

1970.
Léo et Maurice
règlent quelques
détails pratiques
avant le combat.

1971.
« Chez Paul »,
bouchon ami de
Lyon. Sous l'horloge
patronne, Léo
s'accorde une
petite sieste.

1971. Aux studios Barclay, lors de l'enregistrement de « Psaume 151 ». Richard Marsan à la console, Jean-Michel Defaye et Léo sont attentifs.

1971. État-major en plein boum aux studios Hoche-Barclay.
De gauche à droite : Richard Marsan, Maurice Frot, Jean-Michel Defaye, Léo Ferré.

1973.
Richard Marsan
à l'écoute de Léo.

1978. Sous le vent du large, près de Tréguier, Philippe Fourastié donne lecture à Léo du scénario de *Mon frère le chien, ma sœur la mort.*

1975. Lors de la création de leur pièce *Le Vide-ordures*, au Théâtre Axel-Toursky de Marseille, les auteurs déconnent : Paul Castanier et Maurice Frot.

1992. Marie-Christine Ferré et Maurice Frot à San Donatino (Toscane).

Léo et Thérèse Chasseguet.

Thérèse Chasseguet et Maurice Frot.

1991.
Les deux frangins,
Macoute et Léo,
sous la tonnelle de
San Donatino.

1992.
Léo, Thérèse et Maurice : sortie de bouffe
près de Castellina in Chianti.

1992. Dans sa
maison de Toscane,
Léo au travail.

la mer Noire, pipe et grand cœur, qui va jouer l'ange gardien du trio – c'est à lui qu'est dédiée « Les étrangers », et les crêpes dont il est question dans la chanson sont encore de lui.

*

C'est pas tout ça, va falloir penser à bosser sérieux.

Pour garder secret le refuge, c'est à Clermont-Ferrand – place de Jaude, dans le resto de Géminiani (ex-grande star du Tour de France cycliste) qui, dans la très célèbre émission télé « Le chagrin et la pitié », contre toute évidence avait soutenu, et pourquoi ? que durant l'Occup' il n'avait jamais vu de Fritz à Clermont ! –, qu'en juillet nous convoquons l'ami Pierre Gairret. Très jeune et très enthousiaste imprésario des concerts Mazarine, Pierre Gairret s'était spécialisé dans les concerts en églises (le trompettiste Maurice André, l'organiste Marie-Claire Alain…). En 1966, sur une déconfiture de soirée loupée – pas par sa faute, à ce pauvre Pierre déconfit, les organisateurs brillent tout simplement par leur absence ! – devenu un proche ami de Léo.

Gairret, l'amitié même, que Léo va bientôt surnommer « Le Ché », le jour où, jusque-là imberbe, il se pointe avec une formidable moustagache. L'entrée dans son écurie d'un Ferré à son presque plus haut ramène à Pierre une flopée d'artistes en renom : Georges Moustaki, Giani Esposito, Barbara, Maxime Le Forestier, Anne Sylvestre, Claude Nougaro, Los Incas et d'autres.

Tant et si bien qu'il doit s'adjoindre un assistant. Ce sera Daniel Colling, Nancéien comme lui, animateur de l'association productrice de spectacles Odeum.

LÉO FERRÉ
LA GRANDE VIE

Colling qui deviendra notre tourneur attitré en même temps que mon ami et, guère après, mon complice : il soutiendra bénévolement ma folle entreprise de Spectacles en prison. Dans la foulée, ensemble nous fonderons la société d'artistes associés Écoute s'il pleut qui donnera le jour au Printemps de Bourges, festival de renommée mondiale dont il est toujours le patron.

Non, ça n'a pas été un coup de pied en l'air... Tu parles s'il était partant, le Gairret ! Avec son agence de spectacles Les concerts Mazarine, il va tout de suite lancer avec pugnacité la nouvelle carrière d'un Ferré dans l'impasse de la cavale, monter nos premières tournées : dès octobre l'Algérie, puis huit jours à Milan et vingt villes à travers la France.

Pierre Gairret reste lucide : « Sur le plan purement commercial, Ferré n'intéressait alors pas grand monde. Il n'assurait que quelques galas par an. Et, si Mai 68 l'a remis en selle, cela restait tangent. Le phénomène a pris de l'ampleur en 1971, mais il ne fallait guère sortir des grandes villes étudiantes... »

L'Afrique du Nord, magique ! Après notre Maroc aux premiers couscous et danses du ventre, avec pour guide et mentor la belle Nadia (oui, la « Nadia » de la chanson de Moustaki), cette Algérie riche jusqu'au matin de passionnées discussions avec ces deux héros de la révolution qui nous cornaquent, deux beaux grands mecs tout d'humour et de rires qui veulent tout entendre et comprendre de notre Mai 68... Et ce sacré Popaul, te leur assénant de sublimes numéros de tchatche et d'intelligence !

L'Alger de Popaul où, larme à l'œil, il retrouve ses racines – il y est né le 5 juillet 1935 –, les odeurs, le port, la casbah, l'anisette… que d'émotions !

Je garde le souvenir de cette nuit où, retour de Bejaia (Bougie) sur Alger, une halte-troquet sortant pisser à quatre plombes du mat', juste après le premier appel du muezzin, tu as vu, Léo, « ce Christ debout derrière un bar de nuit » que tu as collé dans ton « Rotterdam ».

Rappelle-toi, Léo, dans la descente vers les gorges de Kherrata, ce royaume des petits singes à longue queue, la plaque apposée sur la roche rappelant le massacre. Le 8 mai 1945, jour de la victoire, émeutes à Sétif. Pour la première fois flotte au vent le drapeau vert de l'indépendance. Une centaine de colons massacrés. Répression par la Légion étrangère, aidée par des milices d'autodéfense. Plus de dix mille fusillés à Kherrata. Au total on compte quarante-cinq mille victimes. En métropole, drame passé à la trappe.

Rappelle-toi, Léo, vers Kherrata, sur ce bord de route la petite Amria, main tendue nous proposant des cacahuètes – Amria dont, pourquoi ? tu t'es fait un mythe :

Cette Afrique t'en souviens-tu ? C'était l'orage
De mes cinquante berges enverguant Amria.
Amria m'entends-tu ? Derrière tes yeux menthe
Des étoiles se font la paire et s'ensanglotent
Et tes prières qui leur remontent la pente
Les font se perdre ailleurs dans les années loupiotes.
Le temps n'est rien, petite. Il faut bien se charmer.
Si la bruyère te démange au creux du rêve
Je pourrai la brouter de mémoire et semer

Dans ton regard violet la violette qui lève.
Mon mil neuf cent dix-sept à moi c'est Amria.

L'Italie. Invité pour huit jours au Piccolo Teatro de Milan, tout exprès, Léo met en musique deux poèmes de Cesare Pavese[1], « L'uomo solo » et « Verrà la morte » – ah que c'est beau ! comme on aime !

Mais, à Milan, pas vraiment le succès escompté, les Pavese, pourtant cadeau ! C'est pour le vrai Ferré que bande, durant une pleine semaine, venu à plein nombre applaudir le poète, ce public plus francophone qu'imaginé.

Entre-temps, tout aussi chouette, tournée en quatorze villes de la banlieue parisienne conçue et organisée par Jean Serge – l'un des fondateurs et animateur culturel d'Europe 1, Jean Serge qui m'a été un précieux grand ami – sur un concept innovant : en ouverture un orchestre symphonique.

*

Troisième période plus haut annoncée, avec donc pour compagne la jeune Marie-Christine qui sera sa troisième épouse et va le sauver d'un trop-plein d'amertume, de douleur morale, de désespérance, lui donnera trois enfants – Mathieu,

1. Le 26 août 1950, à quarante-deux ans, le poète Cesare Pavese se retire dans sa chambre de l'Albergo Roma à Turin. D'où il téléphone à quelques-unes de ses amies intimes, les priant de venir le rejoindre pour le dîner.
Toutes l'ayant envoyé paître, sans plus barguigner il écrit posément cette fameuse lettre : « *Je pardonne à tous, et à tous je demande pardon.* »
Il retire alors ses chaussures et, tout habillé, s'étend sur son lit, avale seize cachets de somnifère mêlés à du poison.

Marie-Cécile, Manuella (que de Aime !) et l'ancrera en terre toscane.

Ferré-la-Musique va s'établir à moins de cinquante bornes d'Arezzo, patrie de Guido d'Arezzo, le génial créateur de la musique telle que le monde entier la pratique aujourd'hui.

Un moine bénédictin touché par la grâce de la musique pour la gloire de Dieu et le salut des hommes, à l'entour de l'an mille, inventeur d'une grammaire des sons harmonieux, du fameux do-ré-mi et des portées aux lignes tendues pour y accrocher les notes.

Avant lui, les chantres chantaient de mémoire – tout comme aujourd'hui encore jouent nos musiciens routiniers dont aucun ne sait lire la musique.

Sur la vieille échelle diatonique de deux octaves léguée par les Grecs, Guido choisira six sons qui dessineront toujours le même mouvement mélodique : deux tierces majeures séparées par un demi-ton.

Mais comment les nommer, ces sons ? C'est Dieu, dira-t-il plus tard, qui lui souffla la solution dans un rêve. Un hymne dont il suffirait de retenir les premières syllabes de chaque hémistiche.

Hymne pour les vêpres de la Saint-Jean-Baptiste :
UT queant laxis
REsonare fibris
MIra gestorum
FAmuli tuorum
SOLve polluti
LAbii reatum
Sancte Iohannes.

Au XVIIe siècle, l'ut, qui sonne mal, laissera sa place au do, à l'origine confuse.

Il a donc pris aussitôt la route de la liberté avec ses deux complices, le pianiste Paul Castanier, alias Popaul, et son vieux frangin factotum qu'il appellera bientôt Tonton Macoute because son aptitude à remettre de l'ordre, aux entrées comme durant les concerts, dans de violents chahuts contestataires – on y reviendra.

Et, pour compléter la cuadrilla, l'inénarrable Richard Marsan, son directeur artistique chez Barclay.

Richard, la finesse même et l'habituelle discrétion, le goût de l'absurde, la pratique de la dérision, le sens des reparties assassines pour la beauté du geste. Ancien artiste imitateur, il en a gardé l'acuité d'écoute et de vue, un grand pro.

C'est à lui que Léo dédie « Richard »... et il est vrai que, certains soirs, quand il met son nez rouge...

Belleret : « Grand noctambule et fort descendeur de bière devant l'Éternel... C'est une chanson de dérive mélancolique, une bourrade fraternelle, un message d'amitié. »

Marsan ne l'admettra jamais. « Mais non, mais non, il s'agit d'un autre Richard. »

Popaul, lui, « le plus voyant des aveugles », un musicien d'instinct :

— On répète pas beaucoup, mais on cause énormément, ça remplace. Et je le rassure : « Je fraye un chemin dans la forêt, toi tu n'as qu'à me suivre »... et il me suit !

— Popaul, c'est la tchatche du conteur arabe, il rend intelligent qui l'écoute !

Par la grâce de joie et fureur de vivre, de liberté âprement reconquise, l'inspiration de Ferré a retrouvé le ton, l'éclat et la témérité de la jeunesse – en témoignent bientôt des milliers de jeunes (son nouveau public) qui ne s'y trompent pas, partout se pressent pour acclamer jusqu'au délire cet inspiré, ce prophète de leur révolte et de leur espoir.

*

Même si l'on doit passer alors quelques mois et plus où les galas, hors tournées Gairret, se font plutôt attendre, ça nous empêche pas, tous trois serrés dans la guinde, de nous fendre la pêche comme des malades. « Dans cette voiture, ce qu'on a pu rire ! »

Comme lors de cette tournée dans le Sud-Ouest où, un panneau indiquant Lourdes, Léo : « On va baquer Popaul ? »

Ce qu'aujourd'hui personne n'imaginerait, c'est qu'il savait – encore pour un temps – être un rigolo, Léo.

C'était un fin plaisantin, en dépit des apparences, de l'image qu'il donnait de lui à la télé – toujours amer, rageur, agressif, gueule-en-biais… Et pourquoi ? Lui, si tendre, si fragile, en attaquant pour se défendre ?… Contre qui ? La société ou lui-même ?

Bien sûr, ce qu'on pensait de lui il n'en avait que fifre. Attitude qui me convenait assurément, mais ne m'empêchait pas de le choper, après chaque émission à dérapage :

« Ah t'es pas putain, toi ! Bordel de merde, souris ! Mais souris donc ! T'as devant toi des millions d'auditeurs, souris-leur comme tu sais me sourire au lieu de les faire chier en ruminant tes problèmes d'impôts ! La télé, c'est pas ton truc, tu t'en démerderas jamais si tu ne sais pas rester toi, Ferré la Tendresse. La télé, on t'y a plus souvent vu pleurer que rire. Moi, je t'y reconnais pas. Et ça me fait caguer. »

Il baissait la tête.

Oui, de vraie nature, il était un rigolo… Ce qu'on a pu se marrer ! « On se fait peut-être chier, disait-il, mais on s'emmerde jamais ! »

Ce qui le faisait rire ? Les situations cocasses, les rumeurs de bistrots, la gueule des beaufs, les altercations entre politicailles, par-dessus tout les jeux de mots – un fervent adepte de la manipulation, de la torsion des mots. Pour s'en convaincre il n'est que de savoir, son œuvre, la relire pointu.

Il avait la marotte de donner des surnoms. Le faisait beaucoup rire notre clin d'œil de complicité quand personne, et surtout pas le concerné, ne pouvait piger. Des blases par lui attribués, j'en pourrais citer dix, vingt, trente… Il n'arrêtait pas.

Un exemple, un seul : nous avions une copine, Michèle, qu'était censeur d'un lycée de filles à Angoulême. Il l'appelait le « Liftier ». Pourquoi ? Parce que la censeur, pardi !

*

S'ensuivront bientôt quelques années d'effervescence, riches en activités, en rencontres des plus rares, et passionnées, même, d'une créativité délirante : équipées déconnantes ou pas, jamais Léo n'arrête de travailler. « Pépée » naît dans un hôtel à Conleau près de Vannes, « À toi » dans une loge de l'Opéra de Rennes (dont le pacha n'est autre que le papa-baryton de Nougaro). Souvent, entre mise en place et concert, il demande qu'on le laisse et s'absorbe sur son clavier. Un peu tristes, on l'abandonne donc, seulâbre derrière son « cygne noir aux ailes déployées », à pondre dans la demi-pénombre de l'ampoule de service.

Sur un rythme assez fou, à partir de 1971 vont se succéder les tournées. Tous les pays francophones... des rencontres de cœur.

En Belgique, l'incroyable le sublime jésuite Henri Lambert – « première fois que je fais pote avec un ratichon ! »

En Suisse, le divin allumé Jacques Bert – que je vois toujours.

Au Québec, ce bon Guy Latraverse, qui nous reçoit chez lui et dont la jeune sœur Michèle m'a dit y a peu : « Tous les trois vous étiez uniques, impressionnants ! »

Sans compter d'innombrables galas de soutien, c'est l'après-1968 qui veut ça – gratos, qu'est-ce que tu crois ? aucun de nous trois n'y prenait une thune, amour et révolution s'appellent aussi générosité, je l'ai dit.

Le plus émouvant de cette pluie de souvenirs restant pour lui le « récital insurrectionnel » de Bobino 1969 où les jeunes, radinés en masse, brandissent des drapeaux noirs – du jamais vu !

« Bobino 69 ? C'était extraordinaire ! J'ai de la peine à en parler. »

Dans la voix de Léo, l'émotion encore, plus de vingt ans après – il a vécu là de si intenses soirées de triomphe !

Eh oui ! Ce Bobino marque bien le virage capital de l'artiste, dans sa vie privée comme dans son œuvre, une porte qui s'ouvre sur le grand large de la carrière que l'on sait.

Avait-on jamais vu une salle de music-hall tanguer sous la houle des drapeaux noirs ? Public renouvelé, des centaines et milliers de jeunes l'acclament.

Ne s'y sont pas trompées les grandes plumes de l'époque. Yvan Audouard : « Je suis heureux de saluer ici le début de ta nouvelle carrière. »

*

De fait, à la demande pressante de Félix Vitry qui en est le patron, c'est pas un mais deux récitals que Ferré donnera à Bobino, l'un en 1969, en début d'année – peu après son premier enregistrement sous la houlette de Richard Marsan : « C'est extra », bien sûr, mais encore « Les anarchistes[1] », « Madame la misère », « Pépée », « À toi »... –, l'autre en janvier 1970.

C'est au cours du second que notre nouvelle camarade, la photographe Geneviève Vanhaecke, dite le Kid, lui refile un canard du jour, *La Cause du peuple* (interdit par le pouvoir, ses deux premiers dirlos, Le Brix et Le Dantec, foutus en taule).

« Lis ça, Léo, ça vaut le jus. »

Le lendemain, ça ne manque pas, notre Léo se pointe avec une nouvelle chanson qu'il balance le soir même. Sont présents, par chance, Jean-Pierre Chabrol et Louis-Jean Calvet. Louis-Jean qui vient me voir en fin de spectacle – il est l'un des animateurs des « Amis de la Cause du Peuple » – pour me demander l'autorisation, suite à ce qu'il vient d'entendre, de vendre le journal dans la salle – ce qui sera fait deux jours plus tard, le dimanche à l'entracte : « Demandez *La Cause du Peuple* ! »

---

1. En 1967, Madeleine avait mis l'embargo sur « Les anarchistes ». Comme elle ambitionne pour Léo une carrière très populaire à la Maurice Chevalier, ce genre d'engagement est absolument exclu ! – et se couche le chien Ferré. La chanson sera créée à la Mutualité le 10 mai 1968.

Quant à Chabrol, tout de suite au dîner : « Tu devrais l'appeler *Le Conditionnel de variétés.* »

*

C'est encore en 1969 que paraît chez Barclay l'album *À Saint-Germain-des-Prés – les 12 premières chansons de Léo Ferré.*

Dans le somptueux habillage orchestral de Jean-Michel Defaye, version revisitée du tout premier 33 tours de Ferré, *Chant du Monde* (1953) : aux onze titres pour la plupart devenus mythiques – « La vie d'artiste », « L'Île Saint-Louis », « Le Flamenco de Paris », « Monsieur Tout-Blanc », « Le Bateau espagnol », « À Saint-Germain-des-Prés »... – s'ajoute « Le temps des roses rouges » qui n'y figurait pas.

10

FORGERON DE L'ENFER

D'après *Léo, forgeron de l'enfer,*
livret illustré de mes dessins du coffret Barclay
1968 : *L'œuvre poétique de Léo Ferré.*

Car JE est un autre. Si le cuivre s'éveille clairon,
il n'y a rien de sa faute. Cela m'est évident :
j'assiste à l'éclosion de ma pensée :
je la regarde, je l'écoute :
je lance un coup d'archet : la symphonie
fait son remuement
dans les profondeurs, on vient d'un bond sur la scène.
Le poète est vraiment voleur de feu.
Si ce qu'il rapporte de là-bas a forme, il donne forme ;
si c'est informe, il donne de l'informe...
Trouver une langue...
Cette langue sera de l'âme pour l'âme...

Arthur Rimbaud

Et Maupassant : « Nous sommes deux dans mon pauvre corps, et c'est lui, l'autre, qui est souvent le plus fort. »

Oui, chacun de nous, Léo comme moi, savait qu'il avait affaire, en même temps, à deux hommes en un. Mais nous étions assez profondément liés, assez confiants l'un dans l'autre, pour pouvoir vivre avec – et aimer tout autant, lui comme moi –, cet autre cohabitant en nous.

Je crains que tant et tant n'aient eu droit qu'à un seul : le visible, le montrable.

*

Mais ripé me vlà dans le trip de l'Autre, alors qu'il allait être question d'un certain forgeron…

Vite, barre à gauche toute, camarade…

Orage verbal, humour rageur, violente aversion pour les gens de pouvoir et la réussite sociale, poète du désespoir actif, l'étoile dans le ciel du music-hall lance des idées et non plus seulement des chansons. Unique en son genre.

C'est vrai qu'il y a Brel, Brassens et quelques autres, mais à ce point ?… Avant lui Montéhus, encore avant Gaston Couté et tant d'autres, quand c'en était la grande époque – précédée par certaines tavernes sous Louis XV, déjà ! la tradition libertaire de la chanson à message.

*

Ah ! il est plus facile de se taire, plus simple de se résigner que de se planter tout debout et d'ouvrir sa grande gueule.

Il faut, pour résister à l'appel du picotin, une obstination plutôt folle. La réussite sociale, pour quoi chacun se vend, passe par le plongeon, passe par le bâillon…

Rester intact, oser dire non ! « Fais-toi couper les cheveux si tu veux mais, l'âme, jamais ! »

Plus tentant plus confortable : marcher avec le brave populo – le Kodak cliquetant lorsque cliquettent les Kodak – et se coucher lorsqu'il se couche, ça fait la dignité de la bonne litière où t'est offerte la possibilité de « bien » faire, d'assumer, d'être efficient – toute occasion propre à te parfumer l'haleine –, pour être enfin reconnu, considéré, sans doute admiré, peut-être même... aimé ?

Lui, Ferré tête de mule, il a dit : Non !

« Pour le principe. »

Il a choisi la marge, l'équivoque bohème, les vertiges qui savent pas leur nom – absolu ou manque de pain –, les hôtels mauves du Quartier latin. Il a choisi la solitude, ce bricheton qui se mange sec, sans doute, mais déjà sur la musique de l'ange (comme disaient les vieux Berrichons : « Nout' soup' all' est maigue, mais j'la mangeons dans nout' écuelle »).

Il a toujours été un enfant seul. Depuis le dortoir quarante lits où le venait visiter certaine visiteuse aux baisers paradis. Huit ans de foot obligatoire, huit ans de genoux à terre, mais si loin, si loin des turlutaines, l'animal – jusqu'à lire Voltaire planqué dans son missel –, avec le don de pas être là, de sourire sa vie en dedans, huit ans qui l'ont préparé, armé, cuirassé, pour la fête de la liberté.

L'heure venue, secouant Bartók, Ravel et les caresses de ses chiens, il s'est dressé, il a fait face. Non pas pour la romance – y serre-t-on les poings ? –, mais pour l'indignation quand l'ordre blessé vous étouffe, mais pour l'amour quand il déborde.

Surgissant de derrière l'épinette qui le tenait assis, il a défroissé ses jambes comme des ailes – car il est oiseau, d'abord, un de ces « corbeaux délicieux » chers à notre grand ptit Rimbaud, mais lui, Léo, avec au bec une rose rouge.

Il est bateau aussi, « farci de contrebande et bourré d'Espagnols »... Alors, hissée toute sa voile gonflée par ces idées qui sont des alizés et quelquefois des tempêtes, il s'est laissé pousser face à cet océan jamais rassasié de mataves, il s'est pointé dans l'arc de lumière, chemise échancrée, cou offert.

À mesure qu'il s'avance aux rives *du palco scenico* – « tous mes assassins me regardent ! » – se taisent les rumeurs comme à l'apparition d'un archange (il a pourtant les mains nues, la ceinture pacifique), d'un archange brandissant l'arme la plus redoutable, l'épée qui *di primo cartello* pourfend : la vérité.

Hommes de trop de foi, que venez-vous chercher icicaille, qu'attendez-vous de lui ? Il n'est qu'une cicatrice, il n'a de parole que la plus sacrilège : « Les plus beaux chants sont des chants de revendication. »

*

À ses pieds coule un Jourdain de silence. Devant lui, captivés – venus du fond des Babylones où les tiennent captifs leurs pyramides de béton, échappés pour un soir des arsenaux de l'Empire où pour pas cher ils forgent les clous qui demain les cloueront –, ils boivent du ptit-lait (un grand vin !), les renaudeurs gambergeurs dingues de libertad, tout ce qu'ils n'osaient se dire se trouve dit et bien dit. Depuis qu'ils l'espéraient celui qui bousculerait les mirlitons à bromurer le troupeau – allez ! il est râpé le temps des mandolines et des quéquettes en sucre ! –, enfin le voilà celui qui cerne et plastique leur univers de toc et de quincaille.

Ce silence à eux, sa goualante à lui, à l'instant où ils se heurtent c'est pour moi comme le choc de deux armées, un dieu athée qui frapperait dans ses mains de foudre et de tonnerre.

Des rives de son ring, planqué derrière un pendrillon, j'en perds pas une miette de ses larmes de travailleur de force.

Ho, Léo ! ousqu'ils sont les moussus chênagas et le fondsilence de Perdrigalouchouette ?

Quand de partout se lèvent les enthousiastes et que des pieds des beignes percute l'ovation, ma gorge se bloque, l'émotion.

Si, lui, ses soucis sont ailleurs, où l'on devinerait guère, moi, ce monstre sacré je m'excuse, le génial, la place à part dans la chanson, c'est mon copain Bicou un point c'est tout, qu'est là à se battre et débattre avec l'autre Bicou qui lui file le train, les pattes enchaînées à l'ivoire...

Les coulisses, c'en consomme du merveilleux. Le miracle de la scène vu de dos ? un capharnaüm, de la frime. Guignol, vous dites ? Avant chacun de nos menus spectacles, tous on se plonge-t-y pas dans la boîte à grime ?

Première ligne, affronté aux aficionados qu'en redemandent du sang de la véronique, aux charognards, jalminces, gens du métier ou qui en croquent, tous ceux qui voudraient le démolir, dents crocodiles, gants d'égorgeurs, les pauvres débiles qui à peine l'égratigneront... Scories, diront... T'as connu, toi, la passion tout droit les cieux qui brûle et fait pas de cendres ?

Le manufacturé ? Ce qui se vend ?... L'artisanat, oui ! – plus artisan que m'as-tu-vu. En dépit de « ce sentiment vague de l'inutilité de faire », le bel et sincère et amoureusement cousu main de la fureur, de l'obsession du moment, et pas forcément les vôtres

– ce qui le sauve, Léo, des marais où vous êtes enlisés. Et l'indifférence, en lettres capitales. Et l'allergie à la contrainte, au petit.

Vous n'aimez pas qu'on les décortique vos slogans, qu'on les chante ces pampas dont vous avez refusé les chevaux, et cette belle fille pleine de santé que vous étranglez au fond de votre subconscient... Obscène, l'homme qui vous déshabille. Et cette tendresse !... Trop de tendresse pour n'être pas inquiétante.

Qu'il vous dérange, nous qui l'aimons ça nous dérange pas. C'est çui qu'est gêné qui se casse.

*

Poète errant, oiseau maudit, chante !

Il chante, et cela va très loin. Insurrectionnel, le récital. Ce que tous n'attendaient pas de ces moutons payants venus pour se distraire – « les gens gagnent le grain que je leur dois ».

Électrochoc.

Quand ils se tireront de leur peluche, qu'ils en acceptent ou non l'idée ils ne seront plus tout à fait les mêmes, meurtris ou bénaises entreverront de nouveaux paysages. Non, il n'est pas venu leur offrir le rameau d'olivier mais la cheddite salutaire.

Je le lirai sur leurs visages durant le siège aux autographes. De tout monde sur ses glacis. Lui, de son combat, il émerge à peine, rompu, juste le temps d'allumer sa celtique. Des timides, des conquis, des maniérés aussi et d'autres délibérément naturels ; des sans-voix et des congratulants ; des qui s'imaginent qu'on n'attendait qu'eux et décanillent plus – Attention ! Je suis pas tendre, moi ! – ; et toujours une gravosse de service qui happe, investit, étreint, tend ses lèvres de gouge joyeuse et dans un bruit de succion fait ses dévotions à l'idole ; les si mignons qui pour deux minutes encore dissimulent dans leur dos leur cahier des muses (« à l'école de la poésie on n'apprend pas, on se bat ! ») ; des malins qui n'ont rien pigé, « j'aime les bêtes moi aussi, j'ai trois chats et deux poissons rouges » ; des yeux requins où danse la psychanalyse ; quelques bourgeois « Ni Dieu ni maître » s'en venant d'applaudir ; des nanas intellectes, les plus corrosives, exclusives, propriétaires ; et des anarchies pointilleuses qui demandent des comptes – « Pourquoi dis-tu ci et ça ? » –, des boutefeux ceux-là, et Léo aussi sec : « T'as un patron ? Alors t'es pas anar ! »

Et lui – a-t-on assez bavé sur ce loup ? –, gentil, souriant, exemplaire, jusqu'au bout.

*

Fans, bravos et l'encens et la myrrhe, s'agit bien de cela ! Où nous emmènent-ils, les mots, si on leur lâche le bridon ? – loin de l'astronomie à l'entrée annoncée.

« Profession : chanteur ! » Ils n'égarent personne, les chemins les plus longs, des fois… « Je gagne ma vie avec ma voix. » Il le dit, il le répète, presque il s'en émerveille.

Chanteur, certes. Mais tout de même un peu court. Un jour ayant gratté, grâce à ce génial Popaul – les belles trouvailles te lui pètent de la gueule sans même qu'il les voit venir – sous ce « chanteur » dérisoire j'ai pu lire à mon tour en filigrane dans l'épaisseur du papier : « Léo, forgeron de l'enfer. »

Voilà qui amuse déjà beaucoup moins la foule de bayeurs aux corneilles à l'espère d'un agréable passe-temps, va jusqu'à déranger la vieille garde de ses adorateurs, mais soulève d'enthousiasme ses récents jeunes fans, ce fer qu'il martèle et plie avec les larmes et les cris qui sont le daraque et l'enclume du poète.

Dans ce monde de coqs superbes et claironnant des litanies, il faudra trouver une autre chanson. À l'agressivité du mec, à son amère lucidité, on veut opposer sa tendresse. On veut s'en étonner. Du folklore de pauvres couillons ! Dans notre monde à nous, on sait qu'Amour et Révolte portent un même patronyme : Générosité.

Moi je sais. Ferré c'est aussi Désespoir. « Je t'aime, c'est du meurtre à petit feu. » Et encore : « Avec nos âmes en rade au milieu des rues, nous sommes au bord du vide, ficelés dans nos paquets de viande, à regarder passer les révolutions. »

Et Mai 68 ? Et ses drapeaux noirs ? La révolte de l'intelligence. Ce nouveau langage depuis toujours le sien, prophétique, que le temps ne fait et ne fera qu'exacerber, par tous et partout repris comme un immense espoir, et plus pour « l'an dix mille ! »

Léo ! Léo ! Tout deviendrait-il possible ? Jeunesse n'a plus d'âge. L'amour aussi est une insurrection.

*

Les livres, c'est comme les armes à feu : le mal vient de l'usage qu'on en fait.

Baudelaire, Rimbaud... Ah ! les chéris poètes ! Ah ! les monuments !... De la dynamite, pourtant, ces gens-là. Mais vous avez sur eux, braves gens, l'ultime avantage : ils sont morts et vous êtes vivants – provisoirement.

Le côté rassurant des poètes, il est là, encristé dans vos bibliothèques ; on en dispose à loisir, on les trahit, on les censure : ils ne mordront plus.

Puisées dans l'œuvre innombrable d'innombrables défunts, les citations les plus nombreuses sont celles qu'on se garde bien de citer. Qu'il est touchant, qu'il est rassérénant l'accord parfait qui se fait sur la tombe du poète ! Et de braire culture, patrimoine… et de braire ! Et d'étriper le cadavre géant ! De le salir en s'en pourléchant les babouines…

Les poètes, ça fait pas que rêver, ça gueule aussi. « De drôles de types », assurément. L'image émasculée à laquelle les réduisent nos champions du manuel scolaire, oublions-la. D'aimables gobe-lune, on voudrait nous faire croire. Des bouffons, baladins des salons littéraires… Les changer en hochets, nos francs-tireurs ? Pour rogner leurs griffes ?

On ne bâillonne pas le blasphème ! Personne qui soit mieux armé, plus redoutable. Personne qui soit de moins bonne compagnie. La mission des poètes est bien de troubler la sécurité que garantissent l'éducateur, le policier, le magistrat.

De mauvais esprits ! Poète égale violence, égale profération. Et liberté, d'abord. Et inquiétude, heureusement. Les tranquillisants, on voit où ils nous ont menés : au sommeil, aux bras perdus, aux partis de parti pris, droite ou gauche, braguette au mitan.

Ils sont debout, les poètes, et c'est pour voir plus loin que nous. « Armée étrange aux cris sévères », sans jamais se concerter, ils unissent leurs voix aux « fauvettes de mai » pour faire entendre aux sourdingues, en une langue qui ne leur est pas habituelle, que la folie, seule, est raisonnable.

LÉO FERRÉ
DIEU EST NÈGRE
mauricefrot

11

MANGIAMERDA

L'inspiration,
comme viennent aux petits bergers
des visions célestes.

Nathalie Sarraute

Comme l'escargot, animal solitaire, timide et nourrissant, l'artiste crapahute sa maison sur son dos : tout dans le chou ! – et dans ses mains toutes les symphonies du monde.

Construit sur deux jambes qui ne descendent jamais jusqu'à terre, il est la seule créature, l'artiste, à s'alimenter d'infortune, exclusivement, la sienne et celle des autres.

Mangiamerda, en quelque sorte.

Vache enragée, revers, mécomptes, rien des turpitudes de la moins qu'animale espèce humaine ne le rebute, qui ressemble à chagrins, déceptions, avanies, calamités, désespoir…

À s'en rendre malade, comme on dit.

Son inaptitude à s'intégrer socialement – le voudrait-il ? pour l'oiseau-lyre la basse-cour c'est l'apartheid – le nourrit aussi sûrement que le bon Dieu les petits oiseaux, l'appâture en contrariétés, mélancolie, amertumes, chaque jour sa porcif.

Provende qu'il excelle à mijoter tomates petits oignons, cuisine qu'il savoure, qu'il rumine, ravale, jamais ne digère et stocke dans le cloaque de sa tronche, où elle va se concentrer, se sublimer, se transmuter peu à peu en nitroglycérine – « que l'importance, Nathanaël, soit dans ton regard, non dans la chose regardée. »

Plus tard, aux yeux « ravis » de l'artiste, mirobolant alchimiste, pyromane maître-queux, aux yeux d'eau frissonnante de tout ce qui porte cheveux longs, comme aux yeux revolver de tout ce qui craint pour sa vue et son bel équilibre – et les esthètes tomberont à genoux, l'élite ! –, elle jaillira, déjection foutrale, feu du ciel.

Ferré est de ceux-là, artiste né d'un « lent et irréversible détraquement organique et mental ».

*

La vocation de l'artiste : se produire. Sa raison d'exister : l'émotion des autres. Ainsi le loup doit bien finir par sortir du bois, le moine de sa cellule, le condamné, pour le poteau, de son trou.

Léo, la marge, que c'est difficile ! La marge n'est marge que parce que près d'elle des signes embrigadés noircissent la page. Si la marge gagnait la page entière, il n'y aurait plus de marge. Il n'y aurait plus qu'une page blanche : le silence, la pureté, l'amour...

Alors comment qu'ils se défendent, les signes noirs, comment qu'ils mordent, du fond de leur inexpugnable carré pointent leurs fusils ! « Gaffe, poète de mes deux, on t'a dans le collimateur ! »

*

Aussi ésotérique que le jeu de tarots qui gagne, sur la verte feutrine de matches à whisky, votre poignée de haricots, la poésie chantée, quand elle est enfant – toujours mal venue, la bistournée, le canard petit monstre au bleu regard fou – d'un artiste véritable parce que sincère, la poésie chantée est une basilique bâtie pierre à pierre de tous les mortiers de l'angoisse, parfois de la fureur, de la solitude enfin d'hommes de chair autant que d'esprit.

Cette basilique, somme de secrets, de fantasmes, d'argot pétrifié, ni vous ni moi n'y pouvons rien comprendre sans y entrer de bon vouloir. Reste l'émotion qui vous submerge, un vertige, qui vous écrase...

Non, faudra vous faire une raison, les bâtisseurs de basiliques n'avaient pas la foi – pas d'autre foi qu'en leur art. Eux aussi, comme tout autre artiste, ils avaient le doute. La foi est stagnation, dans « croire » il y a « pigeon ». Le doute est un acier silencieux qui pourfend notre confort et les montagnes.

*

Aux pieds de l'artiste en scène comme au pied de la basilique, en foule on se presse.

Il y a les initiés, il y a les touristes.

Les seconds, on les reconnaît, en dehors de toute outrecuidance, braillerie ou papier gras en filigrane dans le zyeu, à l'uniforme décontract, à cette marque au cou, blanche, sous l'ostensible absence de cravate. Eux, c'est du vite expédié facile : un blasphème et trois quatre mots très crus les révulsent – un peu comme si la star sortait sa bite –, ils se sentent plus, ils décarrent, décanillent, s'égaillent : les chapelets de conneries qui crèvent comme bulles à comics d'entre leurs râteliers dix-huit carats se perdent dans le pouët-pouët de leurs guindes – ils vont pas loin, la première vedette-vaut-le-détour les rameute le temps de bâiller trois fois, et ainsi de suite d'étron en étron jusqu'aux frontières du néant qui est leur patrie.

Les touristes, et toc ! c'est réglé.

*

Les initiés, ah ! combien je crains que les plus fieffés souvent ne soient que distingués glandeurs camouflés ! De faux pèlerins planquant un Kodak sous leur manteau à coquillage ! Des badauds nés malins armés de leur seule grande gueule à cracher les superlatifs de la frime ! Des faussaires n'ayant acquis des liturgies qu'une gestuelle mécanique et volubile à laquelle il brûlerait ses plumes, mon Léo des soirées plutôt fraîches, abusé par les ronds de bouches de jambes de flonflons, arsenal de rossignols à fracturer la peau d'artiste en même temps que le cercle magique d'un univers qui ne leur est rien – ou pas grand-chose.

On n'entre pas ici, dans les arcanes de la poésie chantée, comme au musée Dupuytren – guides brochés et médias pour débiles vous ont refilé d'étranges habitudes…

Non, l'art d'un Ferré, beaux merles, ne se visite pas, ne se regarde pas, c'est lui qui vous regarde ! Et qui vous apostrophe : « Voyez, biques-et-boucs, voyez ce que vos bergers vos chiens vos manigances avez fait de moi ! »

Surtout, et je vous ai à l'œil ! surtout, tous tant que vous êtes, ne proférez aucun son – « son », du sanscrit « ânerie » – devant les morceaux épars de l'âme de cet homme mon frangin.

*

La poésie chantée ne se juge pas plus au music-hall qu'une houri au face-à-face avec son make-up : il faut lui mettre la main à la chatte, il faut passer par-derrière.

Il faudrait pouvoir pratiquer l'homme avant son œuvre, le suivre dans la montagne et sur le lac, avant que de s'asseoir aux fauteuils-club du Golgotha. Et sur sa croix s'endurcir à le laisser chialer – car l'œuvre ne peut être ailleurs que dans les cris d'un Christ qu'on égorge.

Poésie... Ah il y a des mots qui vous flanquent la trouille.

Prenez « anarchiste », ce mot qui n'est qu'autodéfense pour décourager le touriste – « libertaire », ce serait trop facile. Il y a ceux à qui le mot fait peur, ceux qu'il fait rire, ceux qui prennent la peine de descendre avec au front la lampe du mineur et dans leur main une main fraternelle – et qui ne remontent jamais.

Anarchie, Hauts-lieux, Poésie, c'est du kif : une forteresse hérissée de remparts, d'un abord peu engageant pour qui radine en mirliflore, et étymologiquement hermétique. Tendre sa main, ses yeux ou sa bourse ne suffit pas, c'est son cœur qu'il faut tenir à bout de bras, et tout ouvert, prêt.

*

Tout ce verbiage voulu haut de gamme pour en arriver à dire quoi, mon Macoute ?

T'as raison, finissons-en...

Tous tant que vous êtes, ne vous fiez pas à ma bonne mine, à la réputation que j'ai su acquérir et derrière laquelle il m'est loisible, lorsque m'en vient l'envie, de me foutre à poil...

Je vous le dis tout net : j'ai mal tourné ! Ne me demandez pas pourquoi… et bas les pognes !

Je ne suis pas avec vous, mes frères à la trop bonne conscience, à l'éducation sans faux pli…

Prenez garde ! Je suis le loup dans la bergerie de vos bergères… Faites bien gaffe, laissez pas traîner vos billes ni vos pompes à vélo. N'approchez pas trop votre museau, tenez bien cachés vos tiroirs d'argenterie, vos bons points et les culottes de vos filles… À tout hasard boutonnez votre pantalon – car je ne puis répondre de rien.

Non je ne suis pas avec vous les bœufs, les blancs-becs, les caves… Malgré les apparences, je ne suis pas de votre bord.

Je suis le virus dans l'œuf, le renard dans vos poulaillers, le caillou dans vos lentilles.

Je suis contre vos petites joies, vos médiocres envies, votre sérieux à mourir de rire.

Je suis avec tous ceux qui vous tirent dans les pattes, avec tous ceux pour qui vous avez honte.

Je suis avec les tire-laines, avec les ivrognes, avec les marchands de tapis les cinglés les maquereaux les frappes les turbulents les scandaleux… C'est vers eux que va ma préférence, vers ceux qui ont le courage de marcher dans l'autre chemin.

Je suis avec quiconque vous dérange, vous malmène, vous réveille, a le courage, que vous n'aurez jamais, de lever les armes contre le pouvoir établi, de plastiquer les monuments de vos institutions.

J'ai pas honte, allez ! Je suis avec les loubards, avec leur révolte et leurs motos, avec leurs greluches équivoques, je mange au même râtelier.

Je vous l'avoue tout cru, j'ai pris mon sang où j'ai pu, ma philosophie comme ça s'est trouvé. J'ai toujours tout fait pour sortir du raisonnable parce que, ce raisonnable, c'était vous et votre main tendue – trop propres, les ongles, pour être honnête...

*

Rien n'a été inutile. Je me retrouve seul, comme aux premiers jours dans les coulisses de ma mère, et nu comme j'en ai déboulé, comme l'est, superbe, un arbre dans la forêt.

Oui, bien seul et, seul, bien ! Content de l'être, enfin un homme libre. Libre de choisir la route que je vais prendre, d'en revenir quand bon me semblera, de cheminer aux côtés de qui j'aurai choisi et non de qui me choisira – c'est important le compagnon de route.

Je prends à témoin ce clebs qui me regarde. Je sais que comme lui je saurai le reconnaître comme un frère ce solitaire qui mène en « enfant perdu », quelque part, loin de tous, avec nous, le même combat, celui de la Liberté.

Laquelle ? Nom de Dieu ! J'en connais qu'une !

léo ferré
LA POÉSIE FOUT L'CAMP VILLON!

12

LES TROIS MONSTRES

Les poètes,
ces précurseurs qui font retarder
toutes les pendules du monde.

Jean Cocteau

Liberté reconquise, riche, très riche, l'an 1969 – l'année érotique a dit Gainsbourg qu'en loupait pas une.

Deux passages à Bobino, à un an d'intervalle, le second à jamais dans nos mémoires : le « récital insurrectionnel » (oui, bon, tu l'as déjà dit trois fois, ça suffit !). Et puis viendra la révolution d'expression du « Chien ».

Mais, avant de plonger dans cette prodigieuse aventure, par rigueur chronologique place à Cristiani.

*

Jeune journaliste à RTL et à la revue *Rock & Folk* (tu le savais, toi, que les typos nomment leur signe « & » l'esperluette ?), François-René Cristiani rêvait depuis longtemps de réunir pour une interview les trois grands de la chanson : Brassens, Brel et Ferré. Devant les difficultés, un peu paumé, il s'adresse à moi à l'occasion d'une rencontre en coulisses.

Léo est bien entendu d'accord, mais... hé hé ! les deux autres ?... Sur mon intervention amicale, Félix Vitry, directeur de Bobino, les contacte et réussit à les convaincre – merci Félix, t'es le meilleur !

Reste à trouver le terrain neutre qu'ils exigent.

Fastoche ! Il se fait pas davantage caguer, Cristiani : ce sera dans la salle à manger de sa belle-doche.

Et c'est ainsi que, le 6 janvier 1969, a lieu l'historique rencontre au 38 de la rue Saint-Sulpice.

Tout le jour en transe, un Cristiani aux anges d'avoir enfin réussi à mettre sur pied l'incroyable s'affaire à préparer ce mythique événement – avec l'aide de bonne-maman sur les charbons ardents, renversée qu'elle est par ce qui lui arrive là, de sa femme Claudette, de Vilette pour le son et du photographe Jean-Pierre Leloir.

Sur la nappe rouge de la table ronde, micro, godets, cendriers, Gitanes, Celtiques et tabac bleu pour la pipe, il connaît les goûts de chacun. Le magnéto est installé dans la cuisine, entre four et évier, à côté des bières qui attendent de mousser.

Trois monstres sacrés vont sous peu arriver. Ils n'ont jamais été réunis, ils ne se rencontreront, ensemble, jamais plus.

*

Le premier se pointe, Georges Brassens, suivi de très près par Jacques Brel puis par Léo Ferré que j'accompagne – admis que je suis dans le saint des saints because complice actif de cette folie.

On s'installe. Face à Cristiani s'assied Léo, Brel à sa droite et à sa gauche Brassens – moi je me tiens debout derrière lui.

Bientôt paraît belle-maman, en mains un plateau tintinnabulant de bocks et de canettes entrechoqués : l'émotion ! Ces demi-dieux assis à sa table ! Elle en tremble ! Et l'assemblée de rire gentiment.

À vingt-quatre ans, réalisant son rêve, François-René Cristiani est dans ses petits souliers. Il se souvient :

« Léo souriait, il souhaitait tellement cette entrevue. Georges arborait ce petit air détaché qu'on lui connaît. Quant à Jacques, teint en blond – pour *L'Homme de la Mancha*, ce lundi c'était relâche –, je l'ai trouvé très amaigri.

« Tout de suite s'installe la complicité, écrit Anne-Marie Gustave, dans son article du *Monde* aussi documenté que fraternel. Ils connaissent presque par cœur leurs chansons respectives. Au micro, ils s'amusent et se repassent tous les plats, chauds ou froids, de la vie : la femme, la poésie, la musique, la scène, l'anarchie, l'argent, la mort…

« Éclat de rire général lorsque Cristiani lance la conversation sur Dieu. Alors, anticléricaux notoires, les trois ex-enfants de chœur élevés dans des pensionnats religieux deviennent complices comme si les réunissait une alliance mystérieuse, comme si les textes de leurs chansons allaient bien au-delà de leurs pensées. »

Le seul souvenir dégueu (pour moi seul, j'espère) qui ait marqué cette journée ensoleillée d'hiver, c'est lorsque Cristiani, ayant cité l'article d'un certain Jean Cau paru la veille dans *Le Figaro* et traînant Georges et Léo dans la merde, Brassens (qui est au courant), au seul nom de Jean Cau, se penche à l'oreille de Ferré – moi qui me tiens derrière j'en perds pas une – et lui souffle à mi-voix : « On s'écrase. »

Cristiani les interrogeant alors du regard, Léo que le court aparté de Brassens a empêché d'entendre lui demande de reprendre – je m'attendais au pire qui pour moi aurait été un mieux. Va te faire fiche ! Au lieu de cela – il est si heureux d'être là, mon Léo, il ne veut surtout pas de vagues –, bonne pomme : « On s'écrase ! »

Ah ! ce que j'ai pu lui en vouloir de s'être ainsi aligné comme un gentil Tontolino ! En position de force comme il se trouvait, moi, le mec Jean Cau, je te l'aurais escagassé.

Changement de rythme à la fin, juste après un silence étourdissant, comme un point d'orgue posé sur une proposition de Ferré qui avait une idée en tête :

— Je voudrais qu'un jour, tous les trois, on choisisse chacun douze chansons et qu'on fasse la parade – au profit d'une cause, d'une idée, d'un journal… Brassens en chante une et sort, puis Brel, puis moi… Pendant deux plombes… Voilà, c'est dit. C'est la première fois que j'en parle, une idée de fou.

Après un grand blanc, Brel :

— Oui, c'est assez fou.

Il réfléchit un instant et enchaîne :

— Donc, j'aime assez.

Modeste, Brassens lâche :

— Mais tu risquerais d'ennuyer les gens qui aimeraient en voir d'autres. Pourquoi nous trois ?… Oui, on peut le faire, mais à l'occasion de… de quoi ?

Le rêve fou de Ferré ne se réalisera jamais. Toute sa vie il leur en voudra.

*

Trois monstres si différents… Exemple ?

Cristiani :

— Que feriez-vous si vous vous retrouviez devant un mur barrant votre chemin ?

Brassens :

— Moi, je réfléchis.

Brel :

— Moi, je le défonce.

Ferré :

— Moi, je le contourne.

« En s'appuyant l'un sur l'autre, tous trois nous ont donné une leçon de vie et de poésie, se souvient Cristiani. Moi je buvais du petit-lait. Dans leur discours, j'ai senti comme un parfum d'éternité… Ce 6 janvier, contrairement à ce que l'on pouvait imaginer, le plus bruyant fut Brassens, il tapotait sans cesse sa pipe dans le cendrier. Vocalement le plus lointain : Brel. Il gesticulait tellement qu'il s'en éloignait du micro. Le plus heureux : Ferré. Il était subjugué par la présence de Brel et Brassens – dans la chaleur de la rencontre, à la fin il utilise le « nous ». Seul le photographe Jean-Pierre Leloir a osé troubler cette fusion, des milliers de posters qui immortalisent cet instant magique ont été vendus dans le monde entier… Je ne sais plus qui s'est barré le premier. Ferré, qui est reparti avec Frot ? Brel en taxi ? Brassens, que son Gibraltar de Pierre Onteniente a reconduit en DS ? J'étais vidé, sous le charme. J'ai dû vieillir de cinq ans en l'espace de cent vingt minutes. De cet entretien je suis sorti plus riche, plus sage… Je crois bien que je n'ai pas encore tout digéré ! »

*

Ce jour-là, qui a dit ?

— Poète, moi ? Pas tellement. Il est possible que je le sois un petit peu, mais peu importe. (Brassens)

— Le disque est un sous-produit de la chanson. (Brel)

— Il y a des gens qui reçoivent d'abord la musique, d'autres les paroles. Les plus intelligents écoutent en priorité les paroles, les plus sensibles la musique. (Ferré)

— Je n'ai jamais vraiment joué la comédie. J'aimerais bien le faire comme on aimerait faire quelque chose qu'on ne sait pas faire. (Ferré)

— Le type qui me dit qu'il n'est pas seul dans la vie, c'est qu'il est plus belge que moi. (Brel)

— Je crois que l'homme reste toujours enfant, pas la femme. (Ferré)

— Les Beatles n'ont fait qu'ajouter une pédale Charleston aux harmonies de Fauré. (Brel)

— L'artiste est un brave homme, totalement inadapté, qui n'arrive qu'à dire publiquement ce qu'un type normal dit à sa bobonne le soir. (Brel)

— Les putains sont aussi artistes que nous, et nous sommes aussi putains qu'elles. (Brel)

— La femme, c'est un être charmant quand elle s'en donne la peine, et pénible sans s'en donner la peine. (Brassens)

— La tendresse, c'est la fin du monde. (Ferré)

— Je suis relativement misogyne. (Brel)

— Ce que je n'aime pas, c'est le côté technique, mécanique des choses. Je n'aime pas du tout, par exemple, le micro que j'ai devant le nez. (Brassens)

— Si je faisais le métier comme je voulais, je viderais les salles. (Ferré)

13

UN CHIEN À NEW YORK

La pop, c'est un bruit énorme.

Léo Ferré, sortant de scène
après son premier concert avec Zoo

Si sa révolution artistique a commencé par l'apparence – le fameux look : plus de costume de scène, on chante en jeans et polo, comme on est ; plus de boîte à grime, la gueule est ce qu'elle est ; plus de teinture, les cheveux resteront blancs et pousseront, pousseront, battant comme des voiles de thonier –, le profond, l'essentiel, reste à venir.

Et d'abord la pop. C'est Marsan qui le convainc :

— Toi qui, en voiture, sur des centaines de kilomètres n'écoutes, sans t'en lasser jamais, que de la pop américaine, tu devrais au moins essayer... Intéressant, le choc de deux cultures...

— Je te dis pas... Mais je vais pas m'emmerder à traîner des musicos alors qu'avec mon seul Popaul je suis peinard !

— Peinard... peinard... Pour un artiste de ta taille, c'est un peu court... C'est pas une raison sérieuse, ça...

Dans le même temps, arrive « Le chien » – premier texte dit et non chanté, quasiment en prose débordant d'images souvent très âpres –, qui annonce ses futures incandescences hors normes ôtant à la chanson son corset.

C'est à partir du « Chien » qu'explose l'expression de Ferré...

*

Ce « Chien », tel qu'on le connaît, où quand et comment est-il né ? Fin 1969, en sa maison de Cubagnac, en Ardèche, au cours d'une de ses plutôt rarissimes répétitions avec le pianiste fou, Léo s'escrimant à marier texte et mélodie de cette pute de « Chien » – qui veut rien savoir, ce con, prose et non vers métrés, d'où longs phrasés à la Debussy, durs durs à s'imprimer dans la tronche. Un, deux, trois essais-catastrophes... Oh ! que ça merdait !

Quand Popaul, plein l'os :

— Écoute, Bicou (cette affectueuse appellation de l'un à l'autre des trois zigues, on la prononçait à la monégasque : Bic-cou), on se calme... Tu vas y aller de ton texte en oubliant ta musique. Moi je suis là pour ça. On tente le coup ? Qu'est-ce qu'on risque ?

Docile, Léo reprend son « Chien », cette fois dit bout en bout sans bavures. Popaul le suit, étincelant.

Moi j'en reste bleu :

— Voilà, je dis, t'emmerde plus, Léo, voilà ce qu'il faut faire, non ?

Léo étant convaincu – et soulagé –, ce qui fut fait.

*

Le « Chien » est enregistré une première fois au Centre culturel d'Yerres, Essonne, en répétition d'avant concert, le 13 décembre 1969, avec Paul Castanier au piano. Puis édité en un 45 tours intitulé

Un chien à la Mutualité en vue de récitals dans cette salle aux jours à venir, avec slogan et profusion d'affiches « Un chien à la Mutualité – 10 francs » (Léo tenait à ce que les places soient moins que pas chères, disons, en gros, le quart des prix pratiqués).

Le recto de la pochette, Richard et moi allons, à deux pas du carrefour d'Alésia, le demander à l'atelier de ces corrosifs artistes graphiques qui, en Mai 68, ont abreuvé les murs de leurs fameuses et historiques affichettes.

Après explications, l'athlète Rabinovitch prend ciseaux en main et, devant nous, sans préparation aucune, sans la moindre esquisse, en deux coups les gros c'est torché !

*

Avec mes amis Thérèse et François, verre de bourbon en main, un soir nous écoutons « Le chien ».

Penaud, François avoue n'y avoir rien compris. Normal, une génération nous sépare. Même les plus anciens fidèles et fervents admirateurs de Ferré gardent au cœur la nostalgie de sa première période et, à l'occasion d'un après-concert, ici et là lui font l'aveu qu'ils ne peuvent se faire à son évolution.

Ce n'est pas seulement la langue qui, après 1968, a changé, c'est l'univers mental qu'elle exprime. D'ailleurs, dans ce texte Léo ne dit-il pas : « Nous, nous sommes pour un langage auquel vous n'entravez que couic ? »

Non, l'auditeur de l'an 2000 ne peut y entraver que couic : dès le début, ces huitains rescapés de son « Testament », poésie cryptée à n'y rien piger, et puis et surtout ces idées et ce langage soixante-huitards ?

Du vent qui ne fait que lui effleurer les feuilles, à François – qui n'en est qu'un exemple, pas un cas.

Avec Léo, ils étaient pourtant très potes, mais il entrait si difficilement, le François, dans ces idées et ce langage qu'un spectacle Ferré le faisait vite tartir. Ainsi, l'ayant rejoint pour un gala à Martigues, après le spectacle :

— Alors, Fanfan, ça t'a plu ?

— Ben... je t'avoue, Léo... Encore un fantasme... Je suis allé sur le port m'offrir des sardines.

— Heureusement que tu me dis la vérité, parce que tu pues la sardine !

Avec « Le chien », Ferré va devenir le « the » poète imprécateur et, pour Popaul, jamais à court de formule, « le forgeron de l'enfer. »

*

Début 1970, nous sommes à Montréal.

Brassé par Marsan – et sur l'instigation de Jean Fernandez, son premier directeur artistique devenu responsable de l'antenne Barclay aux États-Unis –, Léo consent à faire un détour par New York.

« De New York, dira Fernandez, je sentais l'irrésistible poussée du rock et l'invasion qui s'annonçait en Europe... J'avais instamment suggéré à Léo de se rapprocher de cette musique pour être mieux reçu par la jeunesse. »

Il a négocié, Fernandez, une rencontre professionnelle avec Jimi Hendrix qui, très malade, se décommande – il mourra d'une overdose six mois plus tard à Londres, le 18 septembre, à l'âge de vingt-sept ans. Mais c'est dans le studio d'enregistrement de son frère qu'à titre d'expérience a lieu l'enregistrement, le pari étant de prouver à Léo que son talent s'accorde parfaitement à la pop.

*

Contrairement à ce que des professionnels « bien informés » ont une fois de plus écrit mordicus, Léo est bien présent et n'a certes pas enregistré en playback, en février 1970, au Studio Media Sound, aménagé dans une ancienne église, 57e Rue, au cœur de Manhattan – je l'affirme, j'y étais avec lui.

Sous la houlette de Jean Fernandez, il passe l'après-midi à travailler « Le chien » avec trois pointures :

– John McLaughlin, guitare électrique (Miles Davis) ;

– Miroslav Vitous, basse (Peter Gabriel, Mahavishnu Orchestra) ;

– Billy Cobham, batterie (Weather Report).

Ferré dit d'abord son texte. Conciliabule, puis accord des trois musicos et, dans la foulée, c'est parti : deux fois coup sur coup Léo dit « Le chien » sur improvisation de leur démente musique.

*

Retour à Paris, Richard écoute (le pif et l'oreille) et hoche la tête : ça ne lui convient pas.

À part McLaughlin, les musiciens ne comprenaient que très mal le français, d'où d'incongrus temps forts et des faiblesses de tonalité mal venues. Je décide alors de reprendre ici, sur place, à Paris, ce qui ne pouvait être qu'une maquette. Léo m'approuve sans hésiter, et Jean Fernandez, joint aussitôt par téléphone, en convient.

Tous trois (Ferré, Marsan et Fernandez) sont bien d'accord pour ne considérer cet enregistrement new-yorkais que comme un brouillon qui « ne devra jamais être publié » et, sur ce dernier point, Léo est formel – à cet égard il prend des précautions avec lesquelles nous sommes tous okay.

Par contre, cette géniale improvisation de trois pointures sera confiée à un jeune groupe pop, les Zoo, poulain Barclay favori de Fernandez, afin qu'il s'en inspire.

Restera la légende, qui court dans le métier, du « Chien » que Léo Ferré aurait enregistré à New York avec Jimi Hendrix ! – mot de la fin du film *L'Homme qui tua Liberty Valance*, un journaliste avouant tout sourire : « Entre vérité des faits et légende, notre choix est fait : nous n'imprimons que la légende. »

*

Rendu aux bonnes raisons conjuguées de Marsan et de Fernandez, Léo rencontre donc le groupe Zoo de l'écurie Barclay.

Ils sont cinq :

– André Hervé, principal arrangeur et leader : piano, accordéon, orgue, guitares ;

– son frère Michel Hervé, de formation classique et, après un détour par le jazz, à la guitare basse ;

– Michel Ripoche, lui, vient de la Société des concerts du Conservatoire : trombone, saxo ténor, violon ;

– Daniel Carlet, la musique même : saxo alto, saxo baryton, saxo soprano, flûte, violon – et le sourire ;

– pour clore le quintuplé, l'indispensable Christian Devaux aux percussions, qui s'est aguerri en faisant le tour des bases américaines – « le seul musicien, dira Léo, que j'ai vu lire *Le Monde* durant les répétitions ! »

Dès le premier instant, sympathie réciproque, complicité, poilades, déconnantes.

Un journaliste :

— Comment Ferré, homme du temps du tango, ressent-il la pop music ?

— C'est une façon neuve de concevoir la musique, liée à une pensée jeune, libérée… Je n'ai presque rien à voir avec, mais j'aime certains groupes anglais ou américains que j'ai découverts voilà trois ans, en 1968, lorsque je me suis réveillé comme un enfant… J'écoutais tout avec des oreilles neuves… Plus tard, grâce aux Zoo, je me suis lancé dans des expériences nouvelles que je n'aurais sans doute pas tentées sans eux… Sur scène, on a pu innover, bousculer les habitudes…

*

C'est sur le canevas américain qu'à la demande de Marsan et de Ferré ils vont, les mecs, transformer cet essai.

Après un concert surprise (pour Léo, pas pour moi qui l'ai monté) aux Halles en démolition, avec eux il enregistrera d'abord un 45 tours : « Le chien » et « La the nana », puis les albums *Amour Anarchie* et *La solitude.*

Léo : « "La solitude", c'est la première page d'un livre que j'ai commencé à écrire il y a longtemps. Un jour que je glandais, j'ai allumé une cigarette, je me suis mis au piano, il y avait cette page devant moi… J'ai plaqué un accord mineur et je me suis mis à dire le premier paragraphe. Et puis j'ai continué. Quelques jours plus tard, au casino de Cassis, avant de passer en scène, je l'ai présentée à Maurice Frot – qui est un peu un miroir pour moi – et, au bout de

léo ferré
la maffia
mauricefros

quelques minutes, il pleurait… Bon, me suis-je dit, c'est gagné. »

Avec Zoo, il archibourrera les salles lors d'une tournée nationale. « Première fois dans l'histoire de la chanson, s'esbaudit le tourneur, qu'on se fait coup sur coup des cinq mille entrées ! »

*

Et voilà notre Ferré devenu star, désormais statufié dans sa légende, traînant derrière soi la casserole de la célébrité.

Ses admirateurs le regardent comme l'incarnation de la poésie, avec la même incrédulité – cette femme s'écriant, les yeux au ciel : « Je l'ai touché ! » – que, devant Jésus, les trois apôtres sur le mont Thabor.

Pourtant, il manifeste une étrange aisance à n'être rien. Du haut de ces collines où cascade la vigne et règne l'olivier, debout face aux horizons que ponctuent, cierges noirs, les cyprès de Toscane, il écrit, il compose, il imprime, il rêve, cet homme « qui n'a, peut-être, ni Dieu ni maître… »

14

DU RIFIFI EN CONCERTS

Quand on sème des épines,
on ne va pas sans sabots.

Henri Pourrat

Tous trois, la bande, on n'en pouvait plus.

C'est que c'est très long deux heures de spectacle quand on vous crache dessus – pour oublier t'as plus, ces glaviots, qu'à les foutre dans tes chaussettes.

On n'en pouvait plus de ces canettes de bière balancées à travers la scène (pauvre biglouchet, le Popaul trouillait !), de ces soirées passées, pour moi, à faire le flic, à tenir tête aux forcenés, chaque jour la hantise : « Alors, ce soir, encore le western ? »

Mais surtout et avant tout la panique de Léo, sa contrariété, son humeur plus que sombre, prêt qu'il était à quitter le métier.

Moment de vérité : personne n'en a jamais rien su et surtout pas Léo.

Un jour, je n'y tiens plus : j'appelle Michel Lancelot, célèbre animateur de l'émission « Campus » sur Europe 1, lui explique long large le problème – non, Léo n'y est pour rien, trop fier pour en prendre l'initiative.

Michel entre dans le jeu et rendez-vous est pris pour le dimanche suivant, à l'hôtel Hilton à Orly où Léo a ses habitudes : personne ne l'y connaît, il y est peinard (et le lendemain, il doit prendre le zinc pour son Italie).

L'après-midi de ce dimanche-là, Lancelot se pointe avec son magnéto.

*

Par chance, ce spécial « Campus » a été enregistré par Patrice Bulting. En voici quelques extraits :

— D'abord je voudrais parler de façon très calme. Je ne voudrais pas que ça devienne une plainte de ma part. Je voudrais dire aux jeunes qui m'écoutent : on vous couillonne en ce moment par des fausses parallèles avec quoi ? Avec des flics à cheveux longs et avec des journaux qui se font passer pour gauchistes. Dans *L'Idiot international*, il y a eu carrément un appel au meurtre contre moi, un article où l'on me traite de crapule : « Y'en a assez ! Il ne suffit pas d'avoir les cheveux longs pour faire la révolution. » Oui, l'article se termine par « Foutez-lui des pavés sur la gueule. » Résultat ? un exemple entre cent : à Poitiers des excités sectionnent le câble d'alimentation. Il y avait là une dizaine de petits mecs à cagoule et des filles voilées. Qu'est-ce que c'est cette mythologie du Ku Klux Klan ? Moi, je me suis jamais voilé la face pour dire merde à quelqu'un. Ce qu'il y a aussi à ajouter, c'est que les gens qui sont là, quinze cent ou deux mille personnes, ne disent rien.

— Dis-moi, Léo, il existe aussi un problème... Dans ton cas particulier, les gens se disent : « Ferré ayant depuis longtemps chanté l'anarchie et la révolution, il n'a que ce qu'il mérite. » C'est ce que te prédisait Nougaro dans une de mes émissions : « Cette violence que tu sécrètes, un jour, en boomerang, elle te reviendra sur la gueule. Qui sème le vent récolte la tempête »...

— À tous ces jeunes et à Nougaro je rétorquerai ce que Maurice me disait hier dans la voiture : « Il est plus facile de venir foutre le bordel chez Ferré que d'attaquer les préfectures, les banques, les grandes sociétés... Ils vont pas emmerder Rothschild, ces gens-là... » Au fond, tous ces petits anarchistes sont des petits fascistes. Un de ces types m'a agressé un jour à Strasbourg : « Tu chantes "C'est extra" parce que c'est un succès, mais avec cette chanson tu souilles le peuple ! » Alors je ne la chante plus.

Si on ne la fait que dans mes théâtres, la révolution n'est pas près d'être faite... Je ne sais pas, je ne sais pas, je suis démuni contre autant de bêtise, contre autant de méchanceté aussi... C'est terrible !

— Il y a aussi ce reproche qu'on vous fait, à Brassens et à toi en particulier : le rapport entre l'argent et ce que l'on chante.

— Au cours de l'interview à trois avec Brel, Brassens a dit : « Pour ce qui est de l'argent, quand nous en gagnons nous n'exploitons personne, nous prenons une petite partie du billet, c'est comme un cadeau que l'on nous fait. » Si j'ai un peu d'argent sur un disque vendu, les droits que je gagne avec ma voix, ce n'est que justice. Parce que moi, le téléphone, je le paye, l'essence je la paye, les filles que je baise je les paye !

— (rires) Pas toujours !

— Les copains qui travaillent avec moi je les paye, et les hôtels, et les restos... tous les frais de tournées... Cet argent, il faut bien que je le trouve quelque part ! Or, l'argent, je ne le fauche pas, moi !... Lorsque je fais un gala gratuit – et des galas de soutien j'en fais tant et plus – ou quand je vais faire quelque chose pour un petit théâtre excentrique de Marseille, je vais pas sonner le clairon ! C'est normal pour moi, ça fait partie de mon métier – de mon métier dans le bon sens du terme... Quand des gens viennent me demander de les faire rentrer, ils entrent, sans avoir à forcer les barrages de contrôle... Il faut dire à ces jeunes qui viennent m'embêter sous prétexte que je chante l'anarchie en étant payé grassement, eh bien qu'ils se trompent. D'autre part, qu'est-ce que ça veut dire l'anarchie ? La plupart du temps, ils ne le savent pas. L'anarchie c'est la solitude, c'est la formulation politique du désespoir... Je parle comme un philosophe de variétés, mais il y en a tellement qui se prennent pour de grands philosophes non de variétés...

— Tu as d'autres choses à nous dire ?

— Y'en aurait tant... Je suis très peiné par cette histoire, je ne peux supporter que des gens m'en veuillent... Ils se trompent tellement à mon égard... C'est tout.

15

CINOCHE

Léo de Hurletout

titre d'un article du *Canard enchaîné*

En 1950, première et dernière prestation de Ferré à l'écran. Un rôle de pianiste dans *La Cage d'or*, film de Basil Dearden tourné en Angleterre. Où il se rend accompagné de Madeleine depuis Le Havre, ce qui nous vaut « Les amoureux du Havre ».

Là-bas, visite obligée au fameux château des sœurs Brontë : Les Hauts de Hurlevent – j'en aurais pas fait moins, sinon plus : le merveilleux, l'étrange, l'incomparable site mégalithique-astronomique de Stonehenge, encore un de mes lieux mythiques que j'ai enfin pu digérer de visu en 1986.

*

En 1971, rencontre de Philippe Fourastié, réalisateur, entre autres, du film *La Bande à Bonnot* avec Jacques Brel, Bruno Cremer, Jean-Pierre Kalfon… Fan de Léo et presque autant de mon *Roi des rats*, Philippe m'embarque vite fait dans le projet fou qui l'obsède : l'adaptation du *Voyage au bout de la nuit* de Céline. Peu après, par l'entremise d'un vieil ami de papa Fourastié qui fut le toubib de l'écrivain, en sa maison de Meudon, nous rencontrons Lucette, la veuve de Céline – en compagnie de François Gibault, son avocat et ami, qui nous a pondu depuis deux bouquins-somme sur le génial perturbé.

Si l'affaire ne peut aboutir – Sergio Leone est sur le coup avec une grosse poignée de dollars –, par contre naît entre elle et nous une réelle amitié. Au point qu'après deux ou trois autres rencontres nous parvenons à l'extraire de ses murs pour l'emmener au resto. « Grande première, nous dit-elle, depuis la mort de Louis je ne suis pas sortie. Mais, avec vos bons sourires à vous deux, tout devient facile. »

S'ensuivent, à table, les confidences. Avec des yeux rieurs, elle nous en sert de belles. Non, le Bardamu c'était pas de la tarte. Ainsi, en exil de planque au Danemark où, dans la dèche extrême, elle se fend pour trouver la laine à tricoter le pull de son anniversaire. J't'en fiche ! le pull il te le fout au feu : « Y a rien d'autre à penser qu'à ces conneries d'anniversaires ? »

« Pauvre Louis, au plus que bas, ajoute-t-elle, il ne nous voyait pas d'issue. »

*

Qu'à cela ne tienne, l'horizon est large : nous vlà barrés dans la rédaction d'un long métrage au titre joliment tragique dont Ferré serait la vedette : *Mon frère le chien, ma sœur la mort* – titre et sujet du film du meilleur cru Fourastié, poète qui s'ignorait (il s'est envolé en 1980 à quarante piges, une orange dans le cerveau).

Il s'agit de l'histoire de François Bernardone, alias saint François d'Assise, transposée aux temps d'après Mai 68.

Aux côtés de Michel Bouquet, Jean-Roger Caussimon et Dominique Sanda – tous enthousiastes –, Léo y incarnerait un chef d'industrie qui, gardé en otage lors d'une grève, assimile et fait siennes les revendications ouvrières, endosse un bleu de travail et finit par faire sauter son usine.

Devant le tribunal où, auparavant, son père l'a traduit pour dilapidation de fortune – eh oui ! il donne, il donne, le François d'Assise… Et à qui ? Aux oiseaux ! –, il va leur rentrer dans le lard, à ses vieux (et par la même occase aux idées reçues), en une violente diatribe pas piquée des hannetons que, pour le reste auteur des dialogues, son Macoute a demandé au poète d'y aller de sa propre veine – morceau de bravoure que Léo reprendra, s'en inspirant, pour base de son célèbre « Il n'y a plus rien » :

Il n'y a plus rien.
Et ce rien, on vous le laisse !
Foutez-vous-en jusque-là, si vous pouvez.
Nous, on peut pas.
Un jour, dans dix mille ans,
Quand vous ne serez plus là,
Nous aurons tout.
Rien de vous,
Tout de nous.

Fourastié : « Frot a écrit là un scénario fantastique… D'autant plus fantastique qu'on ne trouve pas d'argent pour le produire ! Une histoire énorme et satirique dont le rire est méchant à souhait, un peu spécial, un peu jaune, enfin un drôle de rire. Il y a même une histoire d'amour qui finit très bien puisque les protagonistes finissent par se quitter ! »

— Du pur Fourastié ! Moi je trouve ça génial ! Pas toi ?

Léo Ferré
la Faim
mauricefror

*

Se pointe bientôt William Klein qui mûrit une diable d'envie : tourner avec Ferré dont il est plus que dingo.

Dans son idée il s'agit, évidemment, d'un vieil énergumène haut en jactance qui, de son pavillon-jardin de banlieue ceinturé d'HLM, refuse de se laisser virer et enguirlande copieusement les autorités venues l'expulser – encore un morceau de bravoure à venir !

Un bout d'essai a lieu à la Cartoucherie de Vincennes, haut lieu de création du Théâtre du Soleil d'Ariane Mnouchkine.

Là-dessus vient le clash. J'en sais donc pas plus, sinon qu'il n'y eut pas de suite.

Mon pauvre Léo, le cinéma et toi, c'est pas vraiment le grand amour !

*

Et moi, et moi ? Grand amour le cinoche ? De nos cassements de tête, avec Philippe, que dalle ! Dans le même temps, ayant rencontré le cinéaste Jean-Pierre Melville à Marseille lors du tournage de *L'Armée des ombres*, je lui refile mon *Roi des rats* – le remords, c'est ce qui lui tient à cœur, à Melville, le fonds de commerce de toute son œuvre. Plus tard, rue de Ponthieu, sortant d'une première vision de son film, il baisse la vitre de sa guinde : « Ton *Roi des rats* m'intéresse… On en reparle très bientôt. »

Sur ce, les étoiles lui font signe, et pour son « très bientôt » il se sera envolé…

16

UN LÉO AU PLUS SOMBRE

Si les singes savaient s'ennuyer,
ils pourraient devenir des hommes.

Goethe

Autant la géniale diatribe avait sa place dans le contexte du scénario (un idéaliste en révolte contre ses parents et le fric et la société tout entière), autant mise à poil et balancée telle que aux oreilles de son jeune public, Popaul et moi ne pouvions être d'accord. Et Léo le savait, fidèles à nos tacites conventions on s'en cachait pas.

Près de trente ans ont passé, et j'en connais des pas si tartes qui en sont fous – oui, un très beau déballage emballant, chargé, prenant, qu'il sait envoyer, Léo, avec sa fougue habituelle. Je le reconnais volontiers, je les comprends ces enthousiastes, je tais ma gueule.

Mais aujourd'hui n'est plus hier. Dans l'après-Mai 68, on en était à « À nous la vie ! » et, dans ce combat positif, Ferré se battait en première ligne.

Qu'il assène « Il n'y a plus rien ! plus plus rien ! » à des mômes, son vrai public en attente des vérités de leur prophète, c'était (à notre sens) leur casser les pattes, leur casser une saine vision de l'avenir – déjà qu'à quinze piges tu aimes bien t'entendre dire que tout est foutu, ça te dégage le terrain.

À voir ces ardents boire ce petit-lait comme parole d'évangile – « rien, plus rien », et puis quoi ?... Ne leur resterait-il alors qu'à envisager et accepter merdouille sur merdouille jusqu'au bout du quai d'embarquement pour le grand rien ? –, non, l'Œdipe et le Macoute ne pouvaient adhérer à cette irresponsabilité du Tontolino.

À tort ou à raison, ce premier désaccord fondamental est l'une des causes qui a facilité, sinon provoqué, notre départ, le mien en tout cas.

*

Lors de l'enregistrement du « Chien » à Yerres, nous parvenons, Richard et moi, à convaincre Léo d'une indispensable rentrée parisienne. Et où ça ? Sinon à l'Olympia ?

Léo s'insurge :

— Quoi ? L'Olympia ? Retrouver le Coquatrix et sa Maffia ? Pas question, faites pas chier !

On s'y attendait, j'avais prémédité la parade :

— Normal... Si ton boulanger est poujadiste, tu te prives connement, tu ne manges plus de pain... Normal...

Il tourne le dos, s'en va en bougonnant... C'est gagné.

Suivent ma rencontre avec Patricia Coquatrix, premier Olympia 1972 sous l'égide du « Musicorama » d'Europe 1, quatre jours en avril avec Zoo – Ferré a exigé et obtenu une réduction des tarifs, c'est son obsession... Un tel énorme succès que Bruno Coquatrix signe pour un second passage en fin d'année.

Vient donc l'Olympia, du 24 octobre au 12 novembre 1972, mais ce sera sans les Zoo qui ont splité – en tournée en Suisse, on leur a piqué leur camion avec tout leur matos –, Léo seul en scène avec Popaul.

C'est en pleine panade qu'on s'y colle, nous sommes tous les trois au plus sombre, chacun de nous ayant trouvé son os dans le potage : Léo une tournée avec Charlebois qui ne l'emballe pas du tout du tout et c'est peu dire, Popaul à cran suite à sa cuisante déconvenue d'Ottawa (on va y revenir) et moi qui vais en prendre plein la gueule.

Car, dans le même temps, j'organise au Palais des Sports un gala contre la peine de mort où Léo doit se produire. Or, en ma présence, interviewé pour France Inter par Pierre Bouteiller qui y fait allusion, la veille même de la première à l'Olympia, il n'y va pas de main morte : « C'est lui, cet infernal Macoute, qui m'y a embarqué, et moi je ne sais pas lui dire non. Être contre la peine de mort tient du pire... Mais enfin, Maurice, si ta fille Barbara est trouvée étranglée dans l'ascenseur, c'est à Gallimard que tu téléphones ou bien aux poulets ? »

Pour la première et dernière fois, je me permets d'intervenir au micro et de l'engueuler...

*

C'est à cette grande première du 24 octobre qu'est créée « Ne chantez pas la mort » (paroles de Jean-Roger Caussimon). Carré au plein mitan du premier rang entre sa Paulette et Aragon, Jean-Roger pleure de bonheur.

Quelques semaines plus tard (le 13 décembre), présent à l'enregistrement de son bébé, il me dira dans un sourire : « Bouleversant, certes, à la Ferré, mais… moi, dans mon idée, c'était une chanson gaie. »

Mais le clou du spectacle, c'est bien évidemment « Il n'y a plus rien ». Avec, pour intro, du jamais-entendu : un pote de Fourastié, le célèbre bédéiste Philippe Druillet, lui a passé un disque rapporté des États-Unis : *Le Chant des baleines.* Cette « musique » incongrue jetée des haut-parleurs du plafond, l'effet en est saisissant.

Superbes éclairages dus à mon complice Doudou – nous sommes serrés dans sa cabine, je lui donne les tops –, telle, en final, cette tête de mort (simple flash venu des pieds de l'artiste) qui semble flotter dans le vide, vacille et meurt.

Suite à cet Olympia, en 1973 vont paraître deux albums chez Barclay.

En avril un double, *Seul en scène (l'Olympia 1972),* enregistrement public – comme de coutume, trois prises de son en trois soirées.

Mais, d'abord, en janvier, *Il n'y a plus rien* – car, ses journées étant libres, Léo alternait récitals publics et séances studio.

Ce dernier reprend certains titres de l'Olympia, à la différence près qu'on y oublie Popaul (dont la prestation dit assez clairement leur rupture profonde) pour s'en remettre à la musique du maître : si ce disque a pour Léo tant d'importance, c'est que pour la première fois il en a signé tous les arrangements.

*

Un soir m'appelle Marsan :

— Je suis le dos au mur. Je me suis engagé à pondre, pour l'album *Il n'y a plus rien,* un texte sur le Léo pour la première fois orchestrateur de ses chansons... et je m'en sors pas. Tu voudrais pas m'aider ?

S'ensuit une bonne demi-heure où je lui assène les dix mille raisons qui font que non, « t'es mieux placé que moi ».

Il m'écoute sans broncher et finit par rigoler :

— Eh bien, tu vois, tu l'as mon article !

Alors, vaincu, je m'y colle[1] :

*

Dis donc, Richardson, tu pousserais pas un peu, des fois ? Me demander à moi le qu'est-ce du pourquoi Léo écrit lui-même ses arrangements – alors que s'il y a un mec au parfum, hein ?... Pourquoi il... ben parce qu'il en a envie, non ?... Parce qu'il est musicien ! Ça devrait commencer à se savoir – musicien et pas que mélodiste, vu ?... Qu'il veut plus laisser à quiconque le soin de fringuer sa musique...

Paraît donc que ça étonne – et pas seulement le quidam consommateur qu'a le droit, lui, de pas connaître la recette du pineau qui lui enchante la gueule, qu'est toujours paumé chouya devant les subtilités de coulisses, qui se figure que « musique de » c'est forcément tout ce qui lui vient caresser la feuille –, que ça étonne jusqu'aux tovaritchs de la profession, mais dans l'autre sens, tu vois le truc ? : « La musique, okay ! et... les arrangements ? »... Pour « Le mal-aimé », oui, ils ont posé la question ! « La chanson du », tu piges ?

1. Cette lettre à Richardson, ici revue et augmentée, est le texte de présentation de l'album Barclay *Il n'y a plus rien* (1973) réédité en CD, sous pochette originale, en 1999.

*

Dans ce monde de spécialisation à tout-va où chacun devient le stakhanoviste de son propre demi-tour de boulon, qui pourrait imaginer qu'on n'a pas réussi à les tuer tous, les derniers artisans nés, ces individualistes doucement entêtés qui ressentent encore dans les couilles suffisamment de force de courage et d'envie pour – j'en ai connu de ces vieux ébenos du Faubourg, ils se contentaient pas de tirer le trait de la bonnetière, de chiader le cambré de la patte, de tailler, polir, chantourner, que sais-je moi, ils affûtaient eux-mêmes leur scie, mon pote ! et faisaient chauffer la colle –, pour tout faire tout seuls dans l'année, plutôt que le jour même par un autre : par un spécialiste.

*

Bon, alors, comment veux-tu désembistrouiller la technique, la confusion entre mélodie, main droite, main gauche, et œuvre symphonique ?... Comment veux-tu dire avec civilité que si dans le métier pas un autre ne... t'en connais, toi ?... C'est qu'ils ne savent pas le faire ! T'imagines un peu les mitraillettes ?

Voyons, quelle vacherie encore ?

Et que musicien veut pas dire que projos, bravissimos, la messe, mais la jouissance qu'on connaîtra jamais toi ni moi quand les fanfares éclatent prima volta *après avoir tourné-viré des jours des mois dans sa tête...*

Musicien c'est, pendant précisément ces fanfares du silence, des milliers de pattes de mouche à mathématiser – et c'est là les couilles dont je te cause : avoir la moelle ! –, à quadriller les quartiers déserts du papier réglé...

Souvent, dans la désolation d'une salle de province encore vide – toujours le désert –, deux plombes avant le délire des fauteuils garnis, dans le clair-obscur des velours lourds de poussière, sous l'ampoule de service penché comme un bouif dans son échoppe-cathédrale, le piano d'une main, de l'autre le crayon d'écolier…

Et son humilité quand tu le surprends, presque il s'excuserait – c'est toujours un peu monstrueux un homme qui pond dans la pénombre…

Et ces accords quatre doigts qui se métamorphoseront – on peut pas savoir nous autres, pointe des pieds –, peut-être un cor anglais, peut-être quarante violoncelles…

Oui, longue, longue patience.

*

Comment veux-tu dire ces retrouvailles, reparler du « Mal-aimé », de ce temps qu'il a mis à se décider, ça lui faisait mal aux souvenirs, le chemin de croix du « je vois que ton dos », « un an plié de mal au dos et à l'imaginaire »… le rejet de ce, chatouille-moi, « Comité de la Musique… » « Vingt ans que je… » « Deux mille ans que je n'écris plus de musique… » il l'avait sec, la zicmu !

Et puis l'enregistrement de ce « Mal-aimé », longtemps polishé, avec sa propre voix cette fois, cent archets et poumons gonflés d'air musicien au bout de sa baguette… – à ton tour, Richardson, tu t'y es usé les esgourdes, non ?…

Rappelle-toi ce passage piégé dont tu as exigé pas moins de dix-huit interprétations, et Léo dix-huit fois reprenant jusqu'à la bonne. Léo qui dira plus tard à qui s'étonnait de cette docilité : « Oui, parce que c'était Richard Marsan. »

La pudeur, il disait trop rien, pas encore... Nous, on voyait son sourire retrouvé, cette eau dans ses châsses...

Enfin, « L'Albatros », Mocky n'en gardant, ce con, que les voix de Léo et Licari, pour le dépouillé, le dramatique... Tout ce turbin pour des knèpes ?

Te fais pas de bile, Buffalo, les violons sur le thème tu les retrouveras un jour proche en casa contadine, *Léo t'en faisant la surprise : Ton style, hein ?*

Tu l'as vu le soleil, qui trompe pas, sur sa gueule ?

Il l'avait retrouvée sa belle sa mystérieuse amante... Quelle émotion quand il nous disait le soir – toujours la nuit venue les confidences – comment ils s'envoyaient en l'air lui, la musique, il pouvait plus se taire, il pouvait plus vivre sans elle, il en... Tu te souviens ?

Toi, Richardson, avoue-le, t'étais quand même un peu sur le cul ! Mais t'avais pas été long à...

Sur ton inspiration, ton insistance – autre aventure, autre histoire –, le et les disques avec Zoo, après « Le chien » et « La the nana », sur la rythmique à l'équipe d'ardents les cordes de « La solitude »...

*

Qu'est-ce qu'on fait ? Tu veux que je t'explique encore ce que tu sais déjà ?...

Nous y voilà donc, aux dernières chansons...

Toutes, il les a toutes orchestrées – il y a bouffé le meilleur du temps que lui laissait le toutime... et de grands morceaux de nuits, quand le copiste attendait la copie –, tellement, une douzaine je crois, qu'elles entreront pas toutes dans ton album, Richardson, t'es marron !

Voilà. Comme j'ai ni le temps ni l'envie de faire des alexandrins, démerde-toi avec un fonctionnaire de la pige – un spécialiste ! – qui te foutra tout ça, ou ce qu'il en restera, d'équerre. Mais attention, Ferré et la musique, après comme il dit dix mille ans, tu permets, c'est trop grave, trop en profondeur pour en laisser parler des cuistres... et même d'en parler tout court !

Vois-tu, tous ses rapports qu'il a, le mec, avec la vie, en sont changés... La musique – avec l'amour, il nous dira peut-être un jour lequel mieux que l'autre – est le seul kérosène qui puisse le faire décoller...

Trop grave, oui, fais gaffe, Richardson, laisse pas esquinter ça.

Macoute

PS : Au fait, des copains me demandent : « Il sort quand, le prochain disque, l'enregistrement public avec Paul Castanier ? » Tiens, Reisenbach lui-même me l'a pas envoyé dire : « À lui seul, Popaul, c'est tout un orchestre !... Tout seul, Popaul, c'est lui le meilleur ! »

*

Sur la lancée de la tournée Ferré-Zoo, va débuter à Roubaix, en janvier 1973, celle de Ferré-Charlebois, quarante villes.

Montée, contre l'avis de Léo – avec ma complicité active, Robert Charlebois m'est vieux pote et j'en ressens la nécessité – par Pierre Gairret. Le Ché à qui un Léo plutôt déjanté ne pardonnera jamais de l'avoir entraîné dans cette aventure. Qui ira jusqu'à le virer violemment, à Caen, sur un très nébuleux conflit de flouze – ils ne se reverront plus jamais.

Écœuré, il en a gros sur la patate, Pierre abandonnera illico le métier (dans le même temps que notre rupture à nous deux, les soi-disant increvables), allant jusqu'à me proposer de reprendre gratos son agence Mazarine – tu m'as vu ?

Il ouvrira à Nancy un magasin d'artisanat exotique, entreprise dans laquelle il entraînera Colling.

Non, Léo, cette tournée ne lui plaît pas, il fait la gueule : « Moi, personne ne m'a jamais aidé. »

Par la suite, Charlebois se plaindra de ne pas avoir eu le moindre contact avec un Ferré toujours renfrogné dans sa loge ou son coin de resto, muet. À propos des restos en tournée, Charlebois :

Nous sommes à Dijon et moi, Dijon, y a pas, ça veut dire escargots. Fin de concert, nous rallions la bande à l'adresse indiquée. Dès qu'on pénètre dans la salle, à une table se dresse mon nouvel ami Bill – un allumé j'te dis pas ! Une gueule ! Jamais rasé et sur le front un bandeau rouge à l'indienne –, le percu de Charlebois.

— Macoute ! qu'il me crie avec de grands gestes, je t'ai gardé une place en face de moi et un fond de bouteille de pinard qui va te clouer !

Depuis près d'une plombe tirée de scène, l'équipe à Robert a fini de manger. Je m'assois donc en face de Bill et passe ma commande – et quoi donc ?

Avant qu'on me serve, Bill roule un joint, l'allume et, sans un mot, me le tend. Je tire une taffe et le lui rends.

Tout de suite arrivent mes chers escargots. J'en pince un et, sans un mot, le lui tends.

Gueule ! – il faut savoir qu'aux Amériques bouffer des escargots c'est comme pour nous autres Françousichs des limaces.

— Ton joint d'amitié, j'ai pas mouftė, mais sache que c'était la première fois de ma vie. Alors, en retour…

Et je lui pose la bébête sur l'assiette.

Longuement il la flaire, tandis que, rigolards, le charrient ses copains québécois.

Un peu honteux, il va pourtant finir par prendre en bouche l'escargot… et aussitôt son visage s'illumine :

— Bande d'andouilles ! Merci Macoute ! C'est délicieux !

Et tout de suite appelle la serveuse et commande un plat d'escargots !

Tous les jours qui suivront, au resto :

— Vous avez des escargots ?

*

Quelle entreprise ! Mouvementée, ô combien, son ambiance délétère comptera pour beaucoup dans ma fuite – la contestation bat son plein, souvent violente, concerts trop souvent plus ou moins gravement perturbés.

Ainsi à la Bourse du Travail de Lyon, où une bonne cinquantaine de trublions sévissent tout au long du spectacle. Ce soir-là, ça commence mal :

Lorsque Ferré monte au public, du balcon lui est jeté, très fort : « Rentre ton ventre ! » – il est vrai qu'à ce moment-là il a pris un peu d'embonpoint, qu'il avance une bedaine que souligne encore plus son ceinturon.

C'est ici qu'il a ce mot mémorable : « L'anarchie, y a des limites ! »

Le lendemain, Ferré dira au journaliste Robert Belleret (première rencontre) qu'il a eu « l'impression de faire le métier du chrétien dans l'arène ».

Mais le pire viendra à la Halle aux Grains de Toulouse (cinq mille spectateurs), après que les entrées ont déjà merdé en un chahut monstre, plusieurs centaines de gueulards exigeant d'entrer à l'œil puisque, comme eux, la vedette se prétend anarchiste.

C'est Charlebois qui, vers la fin de son tour de chant, va foutre le feu aux poudres en déclarant « Je suis marxiste, tendance Groucho » – c'est génial, c'est marrant, mais pas pour ces gusses qui n'attendent qu'un prétexte.

Hurlant des imprécations montent alors à l'assaut deux bonnes centaines d'allumés qui envahissent la scène (oui, la Halle aux Grains c'est un très vaste plateau), frappent et jettent à terre la pauvre vedette québécoise qui n'a plus qu'un recours : ramper tant bien que mal à l'abri du piano.

Depuis le fond de scène, j'assiste au drame. Babar, le sono de Robert, s'est déjà précipité pour sauver son micro.

Je bondis alors, chope au colback le plus virulent, un barbu, et lui crache ;

— Au juste tu veux quoi ?

— À mon tour m'exprimer.

— Facile, camarade... Babar, file-moi donc ton micro.

Le mec va pour s'en saisir.

— Ah non, on touche pas à l'outil du prolétaire.

Je lui fourre l'engin sous le blair. Plus tellement sûr de lui, il y va de son mâchouillis :

— Camarades... je voudrais...

Volées de huées dans la salle.

— Éliminé, mon pote... Au suivant !

Il reste tout con, se retire.

Ainsi de suite, même tabac, jusqu'au huitième gonze, un beau jeune mec qui, lui, souriant, tranquillos, va dire un poème de Rimbaud (impardonnable, j'ai oublié lequel).

Le public l'acclame. Je lui prends le bras, le dresse comme on fait d'un boxeur vainqueur :

— C'est lui qu'a gagné !

Et, balayant les envahisseurs :

— Allez, on dégage ! Raoust !... Mais, si vous la fermez, je veux bien que vous restiez là... Okay ? Allez, tassez-vous sur les côtés...

Je me retourne vers le fond de scène d'où me guette le père Colling :

— Vas-y, envoie Léo.

Ferré apparaît, les bras tendus en croix (embrassade générale ou Golgotha ?), et le silence se fait.

Le soir même, roulant tous deux vers la Toscane :

— Tu as vu, je suis entré en scène, et aussitôt...

— Oui, j'ai cru voir apparaître le Christ...

Mais, afin de ne pas gâcher sa joie, je ne lui dirai la vérité que plus de dix ans plus tard, au cours du déjeuner de nos retrouvailles. Depuis le fond de sa loge, là-bas, perdue dans les entrailles du monument, de ce combat il n'avait rien perçu.

*

J'en reviens à cette tournée Québec-Canada, tout juste avant l'Olympia.

Autant, le Popaul, c'est morne plaine si ses soucis sont ailleurs, autant nous avons droit habituellement à un concerto Popaul-Popaul. Et, s'il se trouve une de ses « fiancées » dans la salle, alors on le tient plus !

Ce soir-là, à Ottawa, s'envole un brillantissime Castanier en folles impros de plus en plus libres... Hé ! C'est que c'est pas une mais trois éventuelles fiancées qui sont présentes ! – oui, avec sa tchatche toujours géniale servie de douce voix, il est bien le roi des tombeurs.

À l'entracte – on peut pas piffer cette césure qui vous coupe la chique mais, parfois, recette du bar et vente d'Esquimau obligent –, à l'entracte surgit dans notre loge un Léo surexcité (par quoi ?… sans doute un sac d'embrouilles de coulisses qui l'a foutu hors de lui), un Léo qui rugit :

— Popaul, j'en ai plus que marre de tes élucubrations à côté de la plaque. Je te demande, ou plutôt je t'ordonne, de ne jouer désormais que MA musique.

Oh la foudre !… Léo claque la porte, Popaul s'effondre et, dans un sanglot :

— Terminé ! Demain, je me tire, je rentre à Paris, je ne travaille plus avec ce triste con.

— Doucement les basses ! À ce jour, j'ai signé pour encore une centaine de soirées, la dernière en date étant le gala du PSU, à Colombes, le 30 mai 1973. Après ça, comme moi tu seras libre.

En revanche, c'est lors du retour de ce dernier voyage au Canada que je me suis payé une des meilleures poilades de ma vie. Orly, gravissime verglas, pour se poser, le Boeing 707 doit s'y prendre à trois fois.

Mon Léo qui, en avion, fouette déjà (au point qu'il avait refusé la tournée montée avec Claude Wild, du Maroc à la Réunion via l'Afrique noire : quoi ! trois semaines en l'air ? Tu m'as bien regardé ? – j'en enrage encore), mon Léo plus crispé que jamais. Pour la deuxième fois, claquement des trains rentrés, on remet pleins gaz quand, fort accent québécois, le haut-parleur annonce :

— Nous allons faire une dernière tentative…

Sans plus.

Visage hagard, Léo se tourne vers moi :

— Et après ?

Je rigole :

— Ben, après, te restera plus qu'à répéter après moi « Notre Père qui êtes aux cieux ».

*

Bouclée l'orageuse tournée Ferré-Charlebois qui va m'achever, dès les tout premiers jours de juin, Popaul envoie à cézig une très brève lettre de démission. Qui, sur-le-champ, motive un aller-retour Paris de notre Léo touché à cœur.

C'est dans un coinsteau tranquille du resto du Hilton à Orly que je lui déballe ses quatre vérités.

Trois jours après me parvient son télégramme – de cent quatre-vingts mots, s'il te plaît – : « Je te demande de ne plus rien signer en mon nom… »

Ma réaction première est de lui télégraphier à mon tour : « Va te faire foutre ! » Ma deuxième de lui envoyer un simple mot : « Merde ! » Ma dernière et la bonne : rien ! que nib ! nibergue ! Le silence est toujours le plus fort.

Ce que me confirmera Marsan, à un an de là :

— Je rentre de Castellina. Léo m'a tout raconté. Sûr de toi et de votre vieille amitié, après son coup de sang télégraphique il s'attendait à une réponse, aussi violente soit-elle, il te connaît… N'en doutant pas, il t'avait même à l'avance écrit une longue bafouille te priant de te pointer dare-dare – c'est pas facile de tirer un trait vite fait sur près de vingt ans de chaleureuse intimité –, lettre où seraient joints les billets d'avion.

Dans le cul, mon vieux Léo… Oui, l'arme absolue, c'est bien le silence.

*

Par lâche facilité, je passe ici le manche à Robert Belleret qui a tout compris et sait le dire – moi, cette fin d'amitieuse aventure j'en suis encore malade, j'ai peine à en parler.

« Ils s'en vont, ils s'en vont les souvenirs cassés… Allez ! comme des chiens perdus qu'on ne reconnaît plus… »

C'est donc terminé pour le trio de frangins. Tout passe, tout lasse, tout casse.

« Que sont mes amis devenus
Que j'avais de si près tenus
Et tant aimés… »

Jamais sans doute ces vers de Rutebeuf que Ferré déclame désormais sans accompagnement n'avaient eu une telle résonance. Il est seul en scène, vraiment seul : Popaul n'est plus là.

Et les deux volontaires orphelins, que vont-ils devenir ?

Sur la suggestion de Richard Marsan, ils écriront, l'espace d'un été, une bonne trentaine de chansons, paroles de Frot, musique de Castanier, qu'interprètera notamment Alain Meillant. Auparavant, à l'instigation de Richard Martin – le brillant animateur du Théâtre Axel Toursky de Marseille –, dans le Boeing du dernier voyage à Montréal, tous deux ont, en déconnant, jeté les bases d'une pièce de théâtre, *Le Vide-ordures,* qui sera mise en scène par Franck Andron, créée au Toursky en mars 1975, et éditée chez Pierre-Jean Oswald qui la qualifiera de « théâtre de la dérision et de la poésie qui aborde par une certaine forme d'absurde les grands sujets de société ».

Et puis chacun ira son chemin. Restant dans une ambiance libertaire, Castanier accompagnera Font et

Val, Pia Colombo, Rufus, Yvan Dautin puis Allain Leprest…

Quant au Macoute, grâce à son jeune mais vieux pote Patrick Fillioud, il entrera à *Libération* – les galas qu'il va organiser pour le soutien financier du journal vont lui ouvrir les portes de ce qui s'ensuivra.

*

Mais non, c'en est pas terminé pour autant !

S'est-on jamais demandé pourquoi, après dix-huit ans de fraternité vraie, nous nous sommes séparés ? Et pourquoi, estompée l'amertume, Léo m'a non seulement gardé mais manifesté son indéfectible amitié ? – tout comme moi, ras la gorge et plein les tripes.

Des appels téléphoniques de Léo à son Macoute toujours réticent, y en a eu tant et plus. Le premier, en 1975, et pour un motif futile. D'entrée :

— Alors, espèce de vieille malle, aucune nouvelle de toi…

— Comme tu me l'as écrit y a longtemps : le silence ne téléphone jamais.

Malgré ses appels du pied, buté canasson, je n'ai aucune envie de le revoir. Encore sur les reins, cette vie qui m'allait si bien et que j'ai rompue, j'ai assez fort à faire pour m'en débarrasser la tronche que ce mec encombre un peu trop : ma vie est ailleurs.

Jusqu'au jour (onze ans après la cassure) où, par un chassé-croisé de coups de fil à une de mes proches, je me retrouve fait marron. De guerre lasse, je finis par dire okay.

Quelques jours après, déjeuner à l'hôtel Hilton à Orly.

Je me range sur le parking et aperçois Léo qui m'attend, accoudé à la fenêtre de sa piaule.

Accompagné de Marie-Christine et de la petite Manuella, il se pointe dans le hall et me prend dans ses bras.

L'émotion, il sanglote – et moi de même...

Deux pauvres tristes couillons, mais si heureux des retrouvailles !

*

Du coup, je l'embarque pour le Printemps de Bourges 1985 – des milliers d'enthousiastes, vingt minutes de rappel –, « un contact fraternel fantastique ! » en dira-t-il.

Nous nous appelons désormais de temps à autre et, l'année suivante, à la veille de l'été :

— Tu as, dis-tu, des problèmes d'estomac ? T'as donc oublié ce que t'avait recommandé ma mère : chaque matin, à jeun, une cuillerée d'huile d'olive. Radine-toi, ici, ça manque pas.

Me vlà donc, pour la première fois, dans sa maison de San Donatino, à Castellina in Chianti (celle que je connaissais : San Casciano Val di Pesa, la patrie de Machiavel).

J'en repars chargé comme bourrique, l'huile et le chianti de Marie-Christine, les derniers disques de Léo.

Malgré son apparente obsession de l'argent, Léo était d'une générosité sans limite. Combien de blousons m'a-t-il offert ! Il avait envie d'un barbour ? Y en avait un pour moi. Caprice d'une moto (et une maousse, qu'il n'a pratiquement jamais montée) ? Il tenait à m'en payer une. And so on. Mais le plus grandiose, c'est l'affaire de la guinde.

La mienne est au bout du rouleau. Quant à celle de ma Raymonde (créchant en banlieue à Colombes, une voiture lui est indispensable), elle est carrément nazebroque. Oui, mais, le fric ! Sans arrière-pensée aucune, je fais part à Léo de ce putain de problème pour moi insoluble. En une seconde, il tranche.

Pour piger la conclusion-solution, faut dire que Rolf Marbot, patron des Éditions Méridian, me tannait pour que je parvienne à convaincre Léo de lui céder la part éditoriale de *C'est extra*. Et donc, Léo :

— Vends donc *C'est extra* à ton Marbot. La voiture de ta Raymonde sera raquée, plus de problème.

C'est ainsi que la Raymonde a pu rouler à bord de sa Ford. C'est extra.

J'y retournerai, bien sûr, à plusieurs reprises, d'autant plus facilement que ce sont nos amis communs, Thérèse et François, qui m'y transbahutent.

En juin 1992 – ici se place mon intervention passionnée sur sa préface de *Benoît Misère*, j'en parlerai plus loin : « écrire n'est rien » – il nous invite à venir le retrouver, le 5 août, au Festival de Sauve, près de Nîmes.

*

Sauve.

En compagnie de Thérèse, j'assiste au récital en plein air – pour moi, c'est l'ultime. Bien entendu, en arrivant nous allons dans son camping-loge les embrasser, lui et Marie et Manuella.

« À tout à l'heure... »

Premier choc : le pape Ferré entre en scène et, aussitôt, cinq mille fidèles sont debout !

Mais je vois tout de suite qu'il est loin d'avoir la frite. À la quatrième chanson, Thérèse m'essuie une larme. Et moi, balbutiant : « La mort du lion. » Dans « La mémoire et la mer » ne va-t-il pas jusqu'à perdre la ligne mélodique ? Alors je dis à Thérèse : « Sauve... qui peut ! »

Oui, un tour de chant, pour moi le pinailleur, ni fait ni à faire – et néanmoins, et tant mieux, un véritable triomphe !

J'étais dans le caca, qu'allais-je bien pouvoir lui dire, à ce cher Léo ?

À l'issue du concert, grâce à mon frangin Dominique Bourdin – un de ces hasards du métier, mon vieux pote depuis des années devenu manager de Ferré – qui veillait au grain, en premiers reçus sur le pas de sa loge par un Léo mi-figue mi-raisin qui nous attendait :

— Te fatigue pas : je te savais là et n'ai pensé qu'à toi... toute la soirée... Certain, je te connais, que tu ne serais d'accord en rien... ça m'a perturbé...

Alors, pour m'en sortir et pour le consoler, j'essaie de le faire rire :

— Hé ! perturbé, je l'ai bien senti... Dans « La mémoire et la mer », heureusement te restait la mer !

Le lendemain midi, nous déjeunons tous les cinq à Nîmes où j'ai réservé, dans un merveilleux petit resto à l'ancienne.

Et Léo : « Il y a longtemps que je n'avais aussi bien mangé, longtemps que je ne m'étais senti aussi bien. »

*

Entre-temps, en janvier 1992, Meyzieu (banlieue lyonnaise) – où, pertes de mémoire, le public lui tient lieu de souffleur. « On a beau ne pas être bête, parfois on a besoin de pense-bête », s'excuse-t-il humblement.

Robert Belleret, qui était présent : « Et puis, selon le nouveau rite, après "Avec le temps" Léo quitte la scène dans le silence – qu'il a demandé. Et ce silence-là, c'est encore du Ferré. »

En mai, Montauban, pour le festival Alors, chante ! où l'a convié mon vieux camarade Jo Masure. Au même programme, ma très ancienne découverte Nilda Fernandez.

Nilda qui, l'année suivante, va se rendre acquéreur d'un buste de bronze de Ferré portant, en place du cœur, la gueule de Pépée – qu'à Bourges (où il chantait cette année-là) nous avait présenté, à l'un comme à l'autre, le sculpteur en personne : H.L. Bergey.

Peu après, au resto il vient s'asseoir à ma table et m'apprend sa folle acquisition :

— Que vais-je en faire ?

— Ben, file-le-moi !

Il en fait cadeau à Jo Masure qui le fait dresser dans le hall du théâtre de Montauban.

Après Sauve, tout dernier récital à Saint-Florentin, dans l'Yonne, le 27 août 1992. En septembre, dernière apparition de Ferré en public à la Fête de l'Humanité où, invité par Lavilliers, il fait un tabac avec trois chansons. En beauté, qu'il termine sa carrière, en infligeant aux cocos… « Les anarchistes » !

LÉO FERRÉ
T'EN AS
mauricefror

17

PAROLES DE LÉOVANGILE

La musique est un bruit qui pense.

Victor Hugo

« La musique... À ma table-écritoire, j'entends le hautbois, la flûte, le cor, mais si je veux commencer à les mélanger je ne les entends plus. Si l'on entendait en soi la musique, je n'écrirais pas, je m'écouterais moi-même. »

« J'écoutais de la musique vivante. Je mettais ma petite pèlerine et j'allais à l'église de Monaco où je faisais partie de la chorale. Mon oncle étant secrétaire du théâtre du casino de Monte-Carlo, ma mère m'y amenait aux concerts, parfois aux répétitions. C'est au cours de l'une d'elles, le *Concerto pour la main gauche*, que j'ai vu Ravel en personne, pas plus grand que moi – j'avais quinze ans –, à deux pas de moi. Il m'a souri. J'aurais dû aller lui parler, je suis sûr qu'il m'aurait embrassé. »

« Mon premier instrument fut, au collège, un cornet à pistons alto en mi bémol, enfant pauvre des musiques militaires condamné à jouer éternellement les umpa-umpa-umpa... »

« La poésie, quand on s'y met, faut pas penser à la Poésie. Quand j'écris, faut que ça vienne, et quand ça ne vient pas j'attends. J'ai comme un magnétophone à moi, je suis dicté, c'est mon impression... L'art est une excroissance de la solitude. Et, devant ma page blanche, c'est souvent très sévère, je me demande si je pourrai la remplir... toujours, toujours, toujours... Les choses sont données, comme ça... Oui je me sens dicté... Des fois, je me dis : c'est pas moi qui ai écrit ça... Le premier vers est toujours donné, et puis après ça marche... L'imaginaire, c'est ce qui m'aide à vivre, et depuis tout petit, sans savoir alors ce qu'était l'imaginaire. »

« J'avais des phrases dans les mains, comme grenades avant l'éclatement. Eh bien je lancerai des mots dans la foule, au hasard, et les livres ne seront plus de mise. On lancera la poésie avec les mains, avec des caractères gutturaux – de romain de glotte –, des cris jetés comme des paquets parleurs à la face de la commodité et du confort plastifiés. »

« À vos plumes, poètes ! La poésie crie au secours, le mot anarchie est inscrit sur le front de ses anges noirs, ne leur coupez pas les ailes ! »

« Créer est un plaisir de solitaire, la vraie solitude. »

« J'aime assez la mauvaise foi, ça fortifie la solitude. »

« Les artistes, ils sont d'une autre race et ne le savent pas. Ils écrivent l'amour dans vos chambres glacées. »

« Personne ne peut comprendre ni "Avec le temps" ni "La mémoire et la mer"... La poésie n'a pas davantage à être comprise que les entrelacs d'un tapis persan. Seule compte l'émotion. »

« À propos de la rime, Verlaine, dans *L'Art poétique* : "Quel enfant sourd ou quel nègre fou nous a forgé ce bijou d'un sou." Dans "Rotterdam" de Ferré, publicité con rime avec que dalle : le mot con n'a pas besoin de rimer, il rime en soi. »

« Chanteur de variétés, c'est mon masque… Rien qu'un poète, un bouffon… Malédiction confortable… »

« Mon métier de chanteur n'est pas de faire plaisir mais de porter la plume dans la plaie. »

« La chanson, c'est une cuisine, il n'y a pas de règles. »

« Un jeune mec qui grattait sa guitare dans la rue un jour m'interpelle :

— Hé Ferré ! Tu te fais payer pour chanter, alors tu es dans le système ?

— Oui, dans le système solaire. Et toi, tu fais la manche ?

— Ben oui.

— Petite ordure ! Et celui qui te donne cent balles dans quel système il est ? »

*

« Il n'y a pas d'âge pour ceux qui s'aiment. »

« Le verbe aimer, moi je le fais. »

« L'amour, c'est la plus belle drogue qui soit. »

« L'amour, c'est le don de soi. Si l'on devait le définir, on rougirait de notre propre imbécillité, de ne pas savoir ce que c'est. »

« Il ne rentrera plus jamais dans ma vie une femme cultivée. Dans un couple, il en suffit d'un qui connaisse Apollinaire. »

« Quand je vois un couple dans la rue, je change de trottoir – à quoi l'humoriste Patrick Font répond en scène : "Quand je vois un trottoir, je change de couple !" »

*

« L'anarchie, qu'il a dit le mec, et écrit et proclamé, est la plus haute définition de l'Autre – l'anarchie, il en a dit tant et plus, toujours avec justesse, avec sa grâce inimitable. On est toujours du bon côté quand on est avec ceux qui souffrent la persécution et l'injustice… Si, dans l'Histoire, il n'y avait pas eu quelques gusses, très peu, pour dire non, on en serait encore à gambader dans les arbres… Divine anarchie, adorable anarchie, tu n'es pas un système, un parti, une référence, mais un état d'âme. Tu es la seule invention de l'homme, et sa solitude, et ce qui lui reste de liberté. Tu es l'avoine du poète. »

*

« Dans la rue, on n'en voit guère des gens qui rampent. Pourtant, pour la plupart, ils rampent. La soumission, pas toujours d'argent qu'il s'agit… Les honneurs, les médailles… J'arrive pas à comprendre… La seule médaille qui compte est celle qu'on s'épingle soi-même en sa tronche quand on peut être fier de soi. La seule Légion d'honneur, c'est non seulement de ne pas l'avoir mais surtout, comme l'a dit Erik Satie, de ne pas la mériter. Vous allez filer la Légion d'honneur à Mozart, vous ? »

« Le rire : des minutes volées au malheur. La dérision est aussi un désespoir. »

« N'oubliez jamais que le rire n'est pas le propre de l'homme, mais qu'il est le propre de la société. »

« L'homme seul ne rit pas ; il lui arrive quelquefois de pleurer. »

« La violence m'est problème. Me répugne profondément toute violence physique. Un soir à la Mutualité, suite à un différend à mon sujet – et à mon profit –, j'ai dit à mon Macoute toujours vif (et efficace) : “Tu lui as foutu ton poing en pleine gueule, moi j'aurais jamais osé, ça ne m'est jamais arrivé.” Pour moi, la violence doit s'en tenir aux mots, n'est que là tolérable. Des armes et des mots c'est pareil, ça tue pareil. La violence est la pierre angulaire de mon désespoir. Ce que je voudrais, c'est métamorphoser la violence en amour. J'appelle cela “avoir le poing dans l'utopique.” »

« L'indignation est pour moi vertu. »

« Dès qu'tu causes, t'es marron. »

« “Et tout le reste est littérature” ?... Oui mais, le reste, c'est chouette, non ? »

« N'oubliez jamais que ce qu'il y a d'encombrant dans la morale, c'est que c'est toujours la morale des autres. »

« La beauté est triste. Pourquoi ? Je ne sais pas. Le critère de la beauté c'est la tristesse. Parce qu'elle est à la fois fugitive et éternelle. »

« En société, le bonheur : que dalle ! ça n'existera jamais. »

« L'homme est un self-made-dog. »

« Rien ne sert à rien. »

« Le fric, c'est le sourire du désespoir. »

« Qui je quitte meurt. Vive qui m'abandonne : il me rend à moi-même. Quand je laisse quelque chose ou quelqu'un derrière moi, je ferme la porte et n'y reviens jamais. »

À son fils Mathieu : « Tu as bientôt quatre ans, j'ai hâte que tu puisses comprendre qu'il te faut respecter l'autre, l'autre moi. Je ne rentrerai pas dans ton jardin, ne rentre pas dans le mien. »

Et encore à Mathieu qui ne l'oubliera pas : « Même quand il faut dire oui, il faut dire non. »

De Madeleine qui ne parvient pas à reprendre pied, plusieurs interviews au vitriol dans des feuilles de chou à sensation. Durant des années, elle le poursuivra de sa vindicte. Lettres incendiaires – où Marie et moi prenions notre large part de gnons –, procès sur procès, allant même jusqu'à envoyer deux malfrats à la sortie du cabaret Don Camilo pour lui casser la gueule.

Ils sont planqués non loin de la voiture. Moi, qui vais toujours dix pas devant, je reluque ces deux ombres suspectes et, sans en savoir plus, par simple précaution du poing, je leur fracasse la tronche – en me pétant un doigt !

Oui, des années, ça s'éternisera : la haine vous enlace étroitement à l'adversaire.

À propos du Don Camilo, nous y sommes tout octobre 1969. Je n'oublierai jamais Gainsbourg – qui crèche rue de Verneuil, à deux pas – se pointant, chaque soir, quatre à quatre l'escalier de service sur lequel donne la porte de mon cagibi technique. Il est essoufflé d'avoir trissé, il passe la tête et me demande : « Il a pas encore chanté "Pépée" ? »

Suite à cela, en contre-pied l'honnête Léo déclare à un journaliste de *Noir et Blanc* :

Je lui reconnais bien volontiers un rôle bénéfique pour ma carrière. Une femme intelligente, très sensible, dont je ne peux dire que du bien.

Mais je réprouve la fidélité, un sale mot, ainsi que le mariage. J'approuve et pratique la plus grande liberté sexuelle… Elle m'avait passé un collier, j'étais son chien… Je suis toujours un chien, mais un chien qui a son permis de conduire.

*

« "J'ai tué ma jeunesse", qu'il a dit çui-là… C'est pas ta jeunesse qu'il faut tuer, mon pote, mais c'est ta vieillesse qu'il faut tuer à l'avance. »

Après 1968, Ferré dans sa nouvelle peau : « Je ne peux pas dire que je sois heureux… entre la jeunesse et l'âge de raison que j'ai depuis cinq minutes… »

« — Supporterais-tu une maladie très grave ? lui demande Michel Lancelot.

— Ah non ! Je me supprimerais tout de suite. Je ne pourrais supporter d'être un paquet dans un lit. C'est affreux ! »

Sur ce point, nous étions tous quatre bien d'accord : à quoi bon s'entêter à souffrir le martyre alors qu'on a vécu ? Mieux vaut en finir, et vite.

Comme je l'ai déjà écrit quelque part : pour couper court à ces misères du dernier âge, l'idéal serait de mourir jeune… mais le plus tard possible !

Aussi, certain soir, avions-nous fait le serment de hâter le départ, d'achever par amour celui d'entre nous qui serait en trop de peine à continuer.

Serment non tenu.

Popaul, bon, il est parti seul et d'un coup.

Mais Marsan que j'ai vu et revu si bas ?

LÉO FERRÉ
JAVA PARTOUT
mauricefrot

Hé hé, mon Macoute, les serments, plus faciles à faire qu'à tenir ! Mais avec quel courage passer aux actes ? Et comment ?

Et mon Léo au bord du vide, hein ?

À un journaliste qui évoque sa mort : « Vous direz Ferré n'est pas mort, il rêve encore. »

« La mort, elle t'attend. Demain je serai peut-être mort, alors… Allez hop ! ciao Berthe !… J'aime vivre, mais je reste conscient que la vie ne tient qu'à un fil. Dans mon cerveau, un tout petit machin de rien du tout craquera peut-être tout à l'heure… Alors à quoi bon des projets ? L'âge, le temps qui passe, ça m'ennuie d'y penser. Peur d'être devenu un vieux con. Meurtri dans ma force d'homme. Je veux pas y penser. La vieillesse, c'est une salle d'attente. Alors quand on s'y installe ! Quand on a le sentiment que la mort c'est la vie, alors c'est foutu. Tout le temps je pense à la mort. Avant, ça me faisait peur, plus maintenant : une belle femme extraordinaire, en noir bien sûr, avec une touche de rouge, qui me tendra les bras : "Viens, mon petit, c'est maman la Mort…" »

« Je vais sans bouger d'un pouce sur ce chemin impraticable et radieux de la libération sans condition : très bientôt, je vais être cette étoile là-haut qui scintille dans mon Lion. »

18

RÉGISSEUR DE HASARD[1]

Si haut que l'on soit placé,
on n'est jamais assis que sur son cul.

Montaigne

Louis-Jean Calvet : Qu'est-ce que tu fais dans ce métier ?

Macoute : Mais ce n'est pas un métier ! Réparer un téléviseur, un ordinateur, ou assurer la sono d'un spectacle, faut avoir appris, ce sont de vrais métiers. Mais régisseur, non.

N'importe qui peut faire un bon régisseur, cela ne demande aucune connaissance spéciale – seulement un certain sens de la démerde… et, bien entendu, de l'expérience.

Comme tous mes compagnons de passionnante galère, j'ai appris sur le tas toutes les ficelles du métier. Et tiens ! en témoigne cet épisode qui me remplit d'aise : en réunion d'élaboration d'un Printemps de Bourges, on est une vingtaine de caïds à gamberger autour d'une table quand, question étant posée sur la

1. D'après « Propos d'un régisseur de hasard ». Parue sous ce titre dans la revue *Autrement* n° 58 (mars 1984), mon interviou par Louis-Jean Calvet reprise ici librement, revue et rétrécie et augmentée.

formation professionnelle de chacun, tout le monde rigole : « Sur le tas ! sur le tas ! » Quelqu'un demande alors : « Au fait, lequel de nous a son bac ? » Silence. Et puis, timide, un doigt se lève en bout de table : « Moi ! » Rires, rires : c'est Mustapha Terki, patron des Antennes de régions, le seul beur de l'assemblée ! – en ce qui me concerne, j'avoue bac moins trois.

Sur le tas, oui : comment on équilibre un tour de chant, l'entrée en scène, les rappels, les saluts, tout le cérémonial – qu'avec Léo nous n'avons d'ailleurs pas tardé à dépoussiérer –, le réglage des lumières et de la sono, les rapports constructifs avec l'équipe technique de la salle et enfin le contact avec le public.

*

Macoute : Rappelle-toi, tu l'as vécu, Léo déchaînait les passions de ses fans comme de ses contestataires. D'où problèmes quotidiens avec ceux qui foutaient la merde aux entrées et pendant le spectacle, envahissaient le plateau (Toulouse), sectionnaient le câble d'alimentation (Poitiers)… Je passais des soirées entières à leur tenir tête, à ces sagouins, et non sans mal, à discuter, à argumenter – pour la dialectique anar ou facho ou gaucho j'étais pas sans biscuit –, à prier, à menacer, bref à gagner du temps : « Vous savez qu'on n'appellera pas les flics, alors vous en profitez, bande de… »

Pour ce talent que j'avais – issu de mes tripes – à calmer le jeu, Léo m'avait surnommé « Tonton Macoute », ne m'a plus jamais appelé que « Macoute » – toutes les lettres qu'il m'écrivait commençaient par « M'acoute-moi », référence à sa chanson « Écoute-moi, Lazare… »

Parfois, comme à Lille où, sur le parvis de l'Opéra, ça tournait à l'émeute, au tocsin du directeur du théâtre, les flics intervenaient en force et brutalité. Aux yeux du public, qui était le responsable ? Ben, Léo, pardi ! – alors qu'à l'autre bout de la cathédrale, tanké dans sa loge, de tout ce merdier il en ignorait tout.

Une putain de feuille de chou l'a même là-dessus carrément piétiné, un véritable appel au meurtre qui nous a pourri l'existence : « Foutez-lui donc des pavés sur la gueule ! »

Louis-Jean Calvet : Un journal de droite ?

Macoute : À toi de dire : *L'Idiot international*, le chie-dur chie-mou de mister Jean-Edern Hallier…

L'Idiot international n° 15 (mars/avril 1971)

Article retrouvé par Robert Belleret grâce à un de ses lecteurs mais, hélas pour lui, après la publication de son *Léo Ferré, une vie d'artiste*[1]. Il s'est empressé de me le communiquer, merci Robert, le voici :

Sous le titre « Les Rats – Léo Ferré à Lille, ou quand une vedette s'accroche à son piédestal » :

Le 1er février, Léo Ferré chantait à l'opéra de Lille.

Quelques jeunes, qui aiment ses chansons et qui ne pouvaient – ou ne voulaient – se payer une place à 15 ou 60 francs, essayèrent d'entrer gratuitement. Certains y parvinrent, mais les flics, vite appelés en renfort, prirent le contrôle des billets en charge. Il y eut quelques bousculades, suivies d'un matraquage en règle. Tout ceci ne troubla pas le moins du monde « le poète anarchiste ».

Les bourgeois avaient payé, ils en voulaient pour leur argent ! Heureusement, ces braves gens purent, grâce au sang-froid de Ferré et à la protection des flics, consommer leur ration de révolte.

1. Actes Sud, 1996.

Pas mal de gars avaient déjà compris la contradiction, l'incohérence qu'il y avait entre ce que chante Ferré, entre le dégoût qu'il affiche pour la société à la con où nous vivons (sur lequel il ne suffit pas de cracher verbalement pour apparaître honnête) et son statut de vedette du disque et du music-hall.

Cette soirée aura au moins servi à montrer que Ferré ne se contente pas d'être assis entre deux chaises mais qu'il est aussi une crapule. Ferré, un vieil anar ? un révolté mon cul ! Il ne suffit pas de gueuler contre cette société pourrie, de se laisser pousser les cheveux et de porter un jean de velours noir pour ne pas être un salaud.

L'attitude de Ferré à Lille a prouvé qu'il n'était pas du tout décidé à remettre en cause son statut actuel de vedette autrement que, verbalement, dans ses chansons. Il est temps pourtant d'en finir avec les vedettes, surtout lorsqu'elles passent pour révolutionnaires. Ferré ne pourra pas s'en tirer longtemps encore avec des pirouettes du genre : « Je ne suis pas un homme politique, je suis même à l'opposé. » (interview à Rock & Folk, *janvier 1971).*

À trop vouloir tirer son épingle du jeu, Ferré joue avec le feu. À Lille, il a pu chanter sous la protection des flics, j'espère qu'ailleurs il sera reçu comme eux : à coups de pavés dans la gueule… »

Billet évidemment anonyme, suivi d'une atroce caricature : sur un sac d'or à six zéros, jubile en haut-de-forme un Léo postillonnant qui éructe : « L'anar est au-dessus des classes ! »

Macoute : Les flics, combien de fois m'est-il arrivé de les virer de la salle : « On vous a pas sonné ! » Chaque soir, quand venait l'heure, j'en étais malade : Allez, mon pote, au western ! Léo, ça l'a beaucoup affecté.

Comment veux-tu, dans ces conditions, ne pas obligatoirement acquérir le sens des problèmes sans fin que pose la réunion de centaines et de centaines de personnes très diverses dans un lieu clos ! Ah il fallait voir l'ambiance ! De la dynamite !

*

Louis-Jean Calvet : Et les galas de soutien ?

Macoute : Des flopées ! Pour les anars, chaque année, et plutôt deux fois qu'une. Pour les grévistes, ça n'arrêtait pas. Le top étant la toute première grève d'ouvriers immigrés, ceux de Penarroya qu'aucun syndicat ne soutenait, un gala à la Bourse du Travail de Lyon, monté en quatre jours, avec mon aide, par *Les Cahiers de Mai.*

Même lieu, pour le lancement de *Libération*, entre autres journaux de première ligne. Dont avec toi, Louis-Jean, comme patron du bord, *Politique-Hebdo*, et où ça ? dans les gravats des Halles en démolition ! – le premier concert public Ferré-Zoo.

Pour lancer le Théâtre Axel-Toursky à Marseille. Et pour le Secours Rouge combien de fois ?... Oui, nous étions enragés. Si je m'étais laissé faire, on n'aurait plus fait que ça ! Léo, lui, toujours partant...

Je trouve un peu ridicule de jouer les anciens combattants, mais comment expliquer autrement ma « vocation » ?

Louis-Jean Calvet : Plus tard, lorsque tu as cessé de travailler avec Ferré...

Macoute : L'érosion, l'usure banale des vieux couples...

Alors, après des mois de travail d'écriture avec le cinéaste Philippe Fourastié, par l'entremise de mon copain Patrick Fillioud, j'entre à *Libération* (là, tous très branchés Ferré, Serge July en tête, n'arrêtent pas les questions), *Libé* pour lequel July me demande de monter un gala, histoire de se faire trois ronds – à peine lancé, le quotidien a dû hiberner faute de combustible. Coup d'orgueil ? de folie ? je lui envoie : « Mais putain ! quand on s'appelle *Libération* on ne pense plus gala de soutien mais grande fête foutrale ! »

Trois mois d'un boulot hallucinant. Et seul à la rame. Je rencontre une bonne centaine de vedettes, tous ceux que je connais plus ou moins, plus quelques autres.

Un plateau de trente-deux chanteurs, tous bénévoles – dont, pour clôture, grande première d'Higelin (lâché l'accordéon) en concert électrique –, ça se traduit par un turf d'enfer.

J'avais loué, porte de Pantin, un chapiteau de sept mille places mais, devant l'afflux des locations, il s'imposait de voir plus grand.

Quinze jours avant la date arrêtée, je rencontre le responsable du parc de la Villette – à l'époque quasiment mort, désertique. Coup de bol, je reconnais son accent limougeaud – oui, le même que celui de Louis Faucher, paternel de la Raymonde, natif de Limoges – et lui demande d'où il est. « De Saint-Léonard-de-Noblat ? Comme Poulidor ? Mais vous êtes donc vous aussi un "mioletou" ! »

Faut peu de petites choses pour résoudre les grands problèmes. Car aussitôt nous vlà copains. À l'œil, il met à ma disposition l'une des trois halles : la Halle aux Veaux – je dis bien : pour pas un rond !

Quinze mille entrées ! Plus de trente briques de bénef – non avouées au fisc, mais aujourd'hui encore un coup y a prescription –, le journal est sauvé.

Cette soirée du dimanche 2 février 1975 a marqué le début des rassemblements de foules à la porte de

Pantin, dès l'année suivante... et ça dure encore, et c'est pas près de finir.

*

Louis-Jean Calvet : Des fêtes *Libé*, la même année tu en fais trois...

Macoute : La deuxième sous la même halle, le dimanche 27 avril, de 16 à 22 heures : La Guinche – l'idée étant d'y faire joyeusement, follement, du jamais-vu, danser le public. Avec le blues de Chic Streetman ; avec le rock de celui que j'ai surnommé « l'ange de la musique », cet allumé de Jacques Higelin devenu mon ami ; avec les chants traditionnels bretons de Tri Yann ; alsacos de Roger Siffer ; créoles de Grelot Bayou Folk ; poitevins de La Geste paysanne – groupe atypique de musiciens routiniers du sein duquel m'a sauté au pif mon depuis grand frangin Dominique Bourdin, jeune violon violonneux et chargé d'émotion son diatonique accordéon.

À ma demande, inclus dans le marché et d'enthousiasme par tous approuvé, de compétents mordus de chacun de ces groupes prenaient par la main les allumés des premiers rangs et leur montraient les pas de danse. Facile. On riait, on dansait, on s'éclatait de bonheur – fallait voir pour y croire ! En liesse près de dix mille spectateurs, une très, très folle soirée, ma plus belle.

Dans la foulée, un mec nommé Louis-Jean Calvet me demande de régir la grande fête de *Politique-Hebdo* : un long week-end, cinq ou six podiums, une sacrée galère ! C'est là, plus de quarante-huit heures d'affilée derrière la sono démente de la scène pop, que je me suis retrouvé à peu près sourdingue d'une oreille... C'est là que Richard Marsan a découvert l'inconnu Lavilliers, un Bernard au plus haut, une prestation du tonnerre de dzeus, et lui a bâti la carrière que l'on sait.

Louis-Jean Calvet : Et la troisième ?

Macoute : Trois jours dont le 14 juillet, toujours à la Villette mais cette fois envahissant tout le site, en vedette Eddy Mitchell pour un cacheton qui n'en est pas un. Avec en ouverture la première apparition en public de Renaud : casquette blanche à la coquinasse, sans guitare mais accompagné par un as de l'accordéon, rien que de vieilles goualantes : « Le dénicheur », « La femme aux bijoux »… devant quinze mille spectateurs, un tabac !

Les soirées de blues, le délire, avec mon nouveau pote Chic Streetman… Mais, ce qui le plus m'importe, c'est qu'à cette occase j'ai, moi mézigo, inventé la « Scène ouverte ». Aujourd'hui, plus de vingt ans après, t'as plus le moindre festival sans « Scène ouverte ». Et ce grâce à mon assistant et complice François Pignet, pilier de *Libé* : « Pourquoi n'ouvrirais-tu pas une petite scène où le premier venu pourrait se faire entendre ? »

Ah ! ces maos ! Y a qu'eux et les ptits zosiaux pour avoir des idées pareilles !

Adjugé, vendu ! Et dans la salle jouxtant la cantoche, les postulants, nombreux, trouvent à leur avantage le the super accompagnement, impromptu mais non sans grâce, de trois pointures : pianola, Paul Castanier, l'unique ; batterie, Christian Lété, la joie ; guitare, un Bernard Lavilliers encore pas vraiment révélé – qui, avant la fin de la troisième soirée, me demande de se tirer : à trop longtemps pincer les cordes ses doigts sont en sang…

Ensuite, embarqué me vlà pour cinq années consécutives sur la régie générale de ces délirantes Fêtes du PSU, au parc de La Courneuve…

Voilà, camarade, comment sans l'avoir prémédité on devient régisseur, régisseur de hasard.

Dans le même temps – ce que c'est que la renommée ! Par téléphone arabe, elle galope –, je suis contacté par Alain Krivine pour l'organisation de la Fête de Rouge ! Qu'après notre rencontre j'ai finalement giclée par…

Louis-Jean Calvet : Antitrotskisme ?

Macoute : Non, les trotskos me sont plutôt sympas… Écoute, Louis-Jean, il faut savoir ce que tu dois investir comme énergie dans ces monstres-là, la somme d'angoisse aussi. En six mois ça m'en faisait déjà cinq et je tenais pas à devenir le Monsieur-Fête, « laisse un peu mesurer les autres », hein ? J'aspirais au calme, et l'été était là, ma cabane au bord de l'eau me tendait les bras… Le vrai motif de ma dérobade : la lassitude, plein l'os de tous ces bazars à n'en plus finir… Mais, pour le panache, j'ai prétexté que c'était par fidélité au souvenir des marins de Cronstadt[1].

Louis-Jean Calvet : Tu l'as dit à Krivine ?

Macoute : Non, au mec qui m'avait branché. Krivine, j'avais aucune raison de lui filer un coup de baston : il m'avait aidé à plusieurs reprises.

Louis-Jean Calvet : Comment ça ?

Macoute : Une première fois par ton entremise… Vous habitiez alors le même immeuble, dans le XIVe – là où, après une pleine nuit de parlotte débridée sur les aléas du mariage, et j'avais mis le paquet ! vous avez décidé, Jannick et toi, de vous séparer –, en intervenant pour que les trotskistes nous lâchent le coude : au cours de la première des trois soirées

1. En 1921, au port militaire de Cronstadt, Trotski réprima violemment une mutinerie de marins anarchistes.

données gratos en soutien à la Comédie de Caen, ils nous avaient foutu un bordel pas possible !... Et, bien plus tard, en mettant à ma disposition son SO... Ah ! ce fichu problème de Service d'ordre...

*

Louis-Jean Calvet : Voilà donc comment tu es rentré dans ce métier qui, d'après toi, n'en est pas un... M'a pourtant l'air d'exiger pas mal de savoir-faire, non ?

Macoute : Je te le répète, un savoir-faire qui ne s'apprend que sur le tas : c'est sans doute le seul métier du spectacle – pourtant primordial – pour lequel il n'y a pas d'école.

Louis-Jean Calvet : Et ça consiste en quoi ?

Macoute : Pèsent sur tes épaules toutes les responsabilités, tant artistiques que techniques, tout ce qui assure un bon déroulement du spectacle. Ce qui, à l'occasion, t'oblige à forcer ta nature pour faire preuve d'autorité : le régisseur de plateau est un chef de gare, c'est à lui que revient de faire partir et arriver les trains à l'heure... et en bon état. Tout repose sur ta préparation : fiche technique de la salle comme celle de chaque artiste, ordre de passage, minutage... et où se trouvent les toilettes ! Le moindre détail ayant son importance, il te faut penser à tout. Tout en tenant la dragée haute aux organisateurs qui ignorent tout de ce qui garantit la réussite d'un spectacle et qui chargent, qui chargent ! Si tu te laisses faire, t'es mort ! Et porter sur tes endosses leur angoisse, l'éponger – ainsi que celle de chaque artiste...

Louis-Jean Calvet : Qu'est-ce qui différencie une fête politique ou un gala de soutien d'un spectacle « normal » ?

Macoute : D'abord le fait que les artistes, par conviction, travaillent à l'œil et, crois-moi, ça fait déjà une sacrée différence. Pas qu'au plan financier. Tu la vois, la différence, dans la qualité des regards échangés : la fraternité ! Ensuite le nombre, souvent, des têtes d'affiche qu'on n'a jamais l'occasion de voir réunies dans un même programme...

Louis-Jean Calvet : Ces artistes qui acceptent sur ta demande de se produire dans les galas de soutien, peux-tu en donner un portrait robot ?

Macoute : On a toujours affaire aux mêmes, disons : la famille. Les généreux, les toujours-prêts qui se sentent concernés, les bonnes pommes qui ont des convictions politiques – au sens large –, t'en as vite fait le tour. Même après dix ans, pour Amnesty comme pour mes spectacles en prison, tu retrouves les mêmes, ceux qui y croient, font de la chanson une arme – la chanson qui rend con, c'est pas notre rayon. Plus, quand même, la relève, des jeunes qui se proposent... Moi, ces filles ces garçons qui donnent leur temps et leur énergie pour défendre nos idées, je les aime.

*

Louis-Jean Calvet : Conclusion ?

Macoute : Je crains d'avoir parlé un peu légèrement d'un métier qui me tient à cœur, qui reste pour moi le plus beau du monde, le plus difficile aussi et, bien qu'obscur – tu n'es jamais que dans l'ombre –, le plus gratifiant que je puisse imaginer : aucun autre n'aurait pu m'aller mieux. Quelques-uns de mes jeunes camarades le mènent avec un sérieux, une curiosité et une compétence que, secrètement, je leur envie.

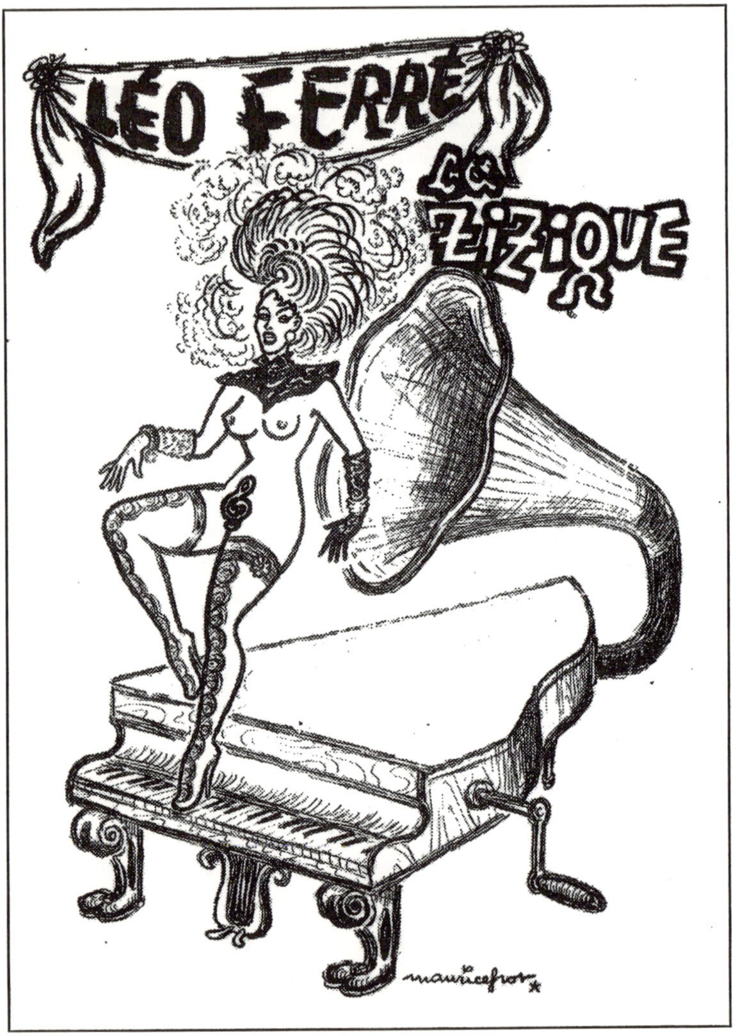
LÉO FERRÉ
La
ZIZIQUE
mauricefrot

19

POPAUL,
MUSIQUE OUVERTE

Aix. Un aveugle croit qu'il pleut.
Mais s'il pouvait voir sans sa canne
Il verrait cent fontaines bleues
Chanter la louange de Cézanne.

À la terrasse d'un café du Cours Mirabeau,
à Aix-en-Provence, devant un pastis,
Jean Cocteau griffonne.

Popaul : « Léo m'enregistrait sur cassette une partition pour piano. Je m'en servais comme point de départ et ensuite j'en faisais ce que je voulais... Léo, c'est un grand mélodiste. Quand tu l'accompagnes, tu peux très bien passer d'une ambiance jazz à un lied de Schubert. J'avais la possibilité de jouer mille choses différentes. J'adorais ça. C'était fantastique, on parlait de tout. Depuis la politique jusqu'à la bouffe, en passant par la littérature, l'amour, que sais-je... Avec Léo et Maurice, on n'arrêtait pas... en bagnole, au resto, en coulisses... Il existait vraiment une complicité de frangins. »

Léo : « Mon pianiste, c'est l'homme le plus intelligent que je connaisse. Je l'ai rencontré il y a quinze ans, on est toujours ensemble. »

*

Popaul ? Ah c'qu'on a pu rigoler !

Un exemple ?

Paris, de nuit on rentre, je conduis, Léo est derrière et Popaul près de moi à la place du Maure. Quand barrage de flicaille près de leur car Pullman.

— On est bon, je dis (avec ma gueule de gitanos, c'est du tout cuit !).

Et ça rate pas : geste péremptoire du bras : halte-là !

Salut réglementaire.

— Papiers afférents au véhicule, svp…

Popaul tout bas :

— Leur camion, il est où ?

— Là, juste à ta hauteur.

Tandis que je sors mes faffes, Popaul ouvre sa portière, se débrague et se met à pisser sur le beau car de flics !

La meute, en hurlant, se précipite le poing haut.

Je jaillis, je bondis et gueule à mon tour :

— Alors, on cogne les aveugles maintenant ? Vos mioches, vous leur racontez vos héroïsmes le soir en rentrant ?

Tout cons, penauds… Les excuses…

Ah c'qu'on a pu rigoler !

*

Paul Castanier ? C'est lui le fameux Popaul, « le plus voyant des aveugles », celui qu'admire et affectionne tout ce que la chanson compte de baladins et d'aficionados. Celui qu'un Charlebois tenait pour le plus exigeant, le plus flamboyant, en un mot le plus grand. Celui qui durant plus de quinze ans a brillé, seul à ses côtés, dans l'ombre de Ferré.

En 1973, l'ayant quitté – marre et marre du western, des canettes de bière qui pleuvent sur ta gueule, sans compter les sautes d'état d'âme de Monsieur (les aveugles vivent davantage leurs émotions que les voyants) –, avec quelques complices dingues de liberté, au café-théâtre comme en concerts-concertos, tous freins lâchés il franchit les dernières bornes.

« L'intéressant, dans la musique, se plaît-il à répéter, c'est ce qu'il y a à côté. »

Ses inconditionnels savent bien que, dans les feux d'artifice de sa verve, cet apparent paradoxe définit parfaitement son art. Chargée de l'incessant dialogue qu'il entretient avec l'univers tout entier, sa musique soudain lui saute des paluches comme une bombe, et avec elle éclate son cœur qui se souvient de la petite chanson des hommes, éclatent ses tripes qui bouillonnent des plus généreuses passions, éclate son humour – qui fait mal !

Cet insatiable lecteur, les mots le fouettent, et les chants inspirés, et les textes qui vont loin – il musique pas, il gamberge.

*

Question : Quand il a « tué » papa, maman, Dieu et le Duce, qu'est-ce qu'il en fout, le nègre, de sa liberté ?

Et deux nègres ?

Paul Castanier et Christian Lété – ou encore Popaul, l'été, enfin le soleil ! –, les conteurs arabes de la musique, enfin !

Percussionniste, Lété a percussionné derrière Ferrat et Nougaro ; a quadrillé les savanes du jazz en compagnie d'Eddy Louiss, Maurice Vander, George Coleman, Bernard Lubat ; avec les groupes Percussions Expérience et Middle Jazz ; et l'Afrique, et le Brésil, toujours de la musique vachement structurée.

Et puis, fin 1974, à La Pizza du Marais où tous deux accompagnent Jean Vasca, sa route et sa croûte se conjuguent *momento* avec celles de la chatoyante comète Castanier. Ce Popaul, branleur émérite, qui n'a peut-être surgi dans son ciel, au Christian, que pour le sauver de son trop merveilleux univers musical.

Le Popaul du piano délirant, oui, qui a depuis beau temps résolu l'insoluble : la liberté de parole dans le carcan à clous de l'accompagnement – tiens pardi ! Il sait pas faire autrement !

De pas très orthodoxe formation, celui-là, du classique au cabaret et au bal mirliton. Durant des années qu'on compte plus tant il s'y est identifié, seul en scène aux côtés de Ferré – qu'on a vu se retourner pour l'applaudir à la fin de trop brillants morceaux de bravoure – et, depuis, à faire le jacques au café-théâtre avec Font et Val ses nouveaux complices.

Tilt. Ils vont parler de tout… et même de musique !

La musique, c'est pas seulement Bartók, jazz, pop, folk, mais tout cela à la fois plus un petit quelque chose, le musée de l'Homme plus la musique nègre, quoi !

Musique inconsciente, musique libérée… musique ouverte. Et ouverte un jour – bientôt ? – à des comédiens, conteurs, chanteurs, à des musiciens pourquoi pas, à des peintres et que sais-je moi : c'est là leur rêve.

Or dounqué, le frustré de la musique organisée – j'allais dire marxiste ! – et le libertaire du *pianoforte* décident de se passer de leader. Le pari dingue !

Car un pianiste, c'est redoutable. Le fascisme des claviers, orgue, piano électrique ou non, toute l'harmonie entre les pattes tu assassines qui tu veux !

Mais bille en tête rentrent les percussions, ferraillant bordel, et musclé, et de libération aussi : contents, pas contents te les contrent, les claviers, leurs sonates t'y flanquent l'apocalypse.

L'un l'autre se coinçant méchamment, ils empoignent le thème et en tous sens le tordent avant de revenir à lui comme de braves gens. Le coup du conteur arabe, nous y revoilà : espèce particulière de palabreur de comptoir qui a besoin d'un public pour exciter sa verve, pour se donner l'envie de briller, pour pouvoir autant que possible le violer. Accouplés, deux conteurs arabes n'en finissent plus de s'éblouir eux-mêmes, de s'exciter, de se violer !

Ces deux-là, s'ils n'inventent pas la musique, oh que non, ils font et ils sont la musique que nous avons tous dans la tronche. Sans école, sans règle, sans rien.

Tu le savais, toi, qu'on est tous musiciens ?

*

Le temps passant, le voici, Popaul, seul en scène avec son bahut, se mettant lui-même au défi de n'accompagner désormais que sa propre inspiration : une musique d'humour et d'humeur, la musique impulsive de Popaul le jouisseur, le rabelaisien, le non-voyant visionnaire.

Parmi ceux qui ont eu le privilège d'assister à son premier concert solo au Printemps de Bourges 1979, deux fans ont écrit leur bonheur :

Dans *Le Berry républicain*, la belle plume de Marion Rouzier : « L'étang se ride et la tempête rigole. Des clowns se regardent dans la mare et pleurent. La chaise se casse et je me retrouve par terre en mille morceaux... Mais trois petites notes me font briller au soleil. Je me recolle. Popaul, là-bas, invente pour moi des poèmes fantastiques. »

Dans *Les Nouvelles littéraires*, Louis-Jean Calvet y va plus fort encore : « Dans la salle, quelqu'un dit : "C'est l'aveugle qui accompagnait Léo Ferré." Dans dix ans on dira peut-être : Ferré ? le mec qui chantait avec Paul Castanier. »

Et ce musicos qui hier encore me disait :

« Ce Popaul, c'est le Rimbaud de la musique ! Tu l'écoutes, et ta musique, après, ne sera plus jamais la même. »

Treize morceaux comme autant d'instantanés, choisis dans plus de trois heures d'improvisation. Ne va pas traîner la sortie de son premier disque en piano solo : *L'homme seul est toujours en mauvaise compagnie*.

*

Et voilà que notre Popaul nous fait le cadeau de son second et dernier album : *Claviers celtiques*.

Les meubles « d'époque » ont été achetés neufs par de riches contemporains qui se meublaient « moderne ». Neuve, la musique aujourd'hui folklorique sonnait sous les doigts et dans le souffle d'artistes fous de modernité. Aux origines de la tradition innovaient des forcenés assez jeunes pour oser bousculer une tradition déjà assise. Enrichie au fil des temps par une chaîne d'artistes populaires, leur inspiration s'est muée peu à peu en forteresse que de nos jours défendent l'arme au poing les usagers de l'habitude, est devenue la propriété exclusive des invalides de l'imagination.

Le conservatoire de la tradition voudrait la figer *ad vitam æternam* sous la poussière d'un musée.

Pourtant, le passé n'est pas plus immobile que la mer, mère de tous les passés. Comme elle, il change sans cesse, déferle et hurle, selon l'œil qui le regarde. Si cet œil est d'un homme moderne, le passé y vit à l'heure de demain.

*

Dans l'oreille de Paul Castanier, qui est son œil, chantent encore les flûtes des bergers kabyles qu'en son Algérie natale il écoutait, petit garçon, le cœur ravi. Car cet homme de culture universelle, ce voyant de tous les mondes possibles, est un déraciné, avec pour seules racines le roseau d'une flûte et l'impalpable éclat – malgré paupières closes, l'ombre et la clarté lui sont données – d'un ciel immense qu'il ne peut oublier.

La chaleur qui lui manque tant, il lui faudra vingt ans d'errance pour la trouver auprès d'une compagne.

Fille de Bretagne, l'accordéoniste de fest-noz Danièle Bonny (rencontrée lors d'un concert avec Glenmor qu'elle accompagnait) prend sa main et lui offre, dans sa plénitude, l'éblouissante clarté ciel et eau de cette fin des terres qui le fascine, et d'abord, et surtout, une musique : celle d'un peuple aux racines vivaces. Par-delà rires et danses, il y entend en chapelets les tragédies qui font l'âme bretonne, l'oppression d'hier et les tabous d'aujourd'hui, la dignité perdue et peut-être retrouvée.

Ensemble ils vont enregistrer ces *Claviers celtiques*, double cadeau d'amour. Souriante et grave, la musicienne – ah ! comme elle « sonne » ! – lui fait don de sa musique tripale. Lui, rendu à la pureté de ses émois d'enfant, concertiste de l'immédiat il dialogue avec ces thèmes ancestraux – et aussi avec ses fantasmes.

Bouleversé, enthousiaste, emporté par la passion (pour la musique ? pour Danièle ?), il ne peut résister à la jouissance de créer ses propres thèmes.

Tel Giono s'inventant une Provence à sa mesure, Bartók et Stravinski gratifiant le folklore slave d'un sang nouveau, à corps perdu il se rue, Paul Castanier, déploie ses oriflammes, dans la mêlée jette ses flamboiements et son cœur et sa flûte et son ciel et son univers symbolique et sa vision de la pensée sauvage – elles sont toutes là, ses légions ensorcelées, et elles chantent, elles dansent, grondent et pleurent et rient de plaisir, harmonies déflagrantes, la dynamite de l'émotion.

Dans la rigueur, sous la houlette vigilante de la musicienne de fest-noz qui s'efforce d'endiguer le torrent à la limite de l'indansable, notre pied-noir de Popaul, ici Breton de cœur et de tripes, dépose son inspiration personnelle dans le panier commun de la tradition. À tous ces fous qui l'ont faite, il répond à travers les âges, il tend la main fraternellement.

*

Subito, qu'il s'est barré, ce con, en novembre 1991. Ses cendres ont été dispersées au vent d'hiver – ça lui ressemble bien, pas de chichis, svp – sur une pelouse du Père-Lachaise.

Tant qu'à parler mortem, alignons l'incroyable suivi du carnage :

– 1990 : l'accordéoniste Jean Cardon, premier accompagnateur de Ferré.

– 1991 : son pianiste et âme damnée Popaul.

– 1992 : Richard Marsan, son ami directeur artistique.

– 1993 : à ton tour, Léo.

– 1994 : Hubert Grooteclaes, son vieux de la vieille photocheur, avec Ninette, sa femme, et leurs trois filles faisant vraiment partie de la famille.

– 1995 : mon Macoute, que j'me dis, y a pas, ton tour est venu… Eh ben non ! Trop facile, camarade, il te faudra attendre – c'est toujours l'autre qui meurt.

– 1996 : Jean-Louis Marquet, un temps son imprésario – entre autres grands de la chanson – mais jusqu'au bout notre si marrant inséparable.

– 1997 : Geneviève Vanhaecke, mon Kid, la photographe chérie de Léo, le 13 mai, à Figeac, trouvée sur son lit, étranglée avec la ceinture de son peignoir.

– 1998 : la Faucheuse fait relâche.

– 1999 : Claude Conte, en mes quatorze ans d'âge mon initiateur d'anarchie, le premier à m'avoir parlé comme à un homme. Le plus ancien et le plus cher de mes mythes familiers, qu'à l'initiative de Marie-Christine Ferré – ils s'étaient connus à Gourdon où Claude était en poste –, à Gourdon je l'ai revu peu avant son grand départ. Heureux de ce dîner de retrouvailles, oui nous l'étions l'un et l'autre, mais à ses propos je ne voyais que trop le tout gris qui lui embrumait l'âme, en train qu'il était de se fabriquer le crabe qui l'a emporté.

– 2000 : tiens, personne au bout du fil ?

La machine humaine étant conçue pour rouler cent ans – et même, d'après mon ami Sylvain, jusqu'à cent vingt, dit la tradition hébraïque –, mon ptit Tonton Macoute il te reste encore amplement provision de temps.

Te vlà le dernier des Mohicans.

LÉO FERRÉ
LA LUNE

20

PLACE À MARSAN L'OUBLIÉ

Ceux qui ne pleurent jamais
sont pleins de larmes.

Jean Chapelain

Oui, Richard Marsan passé à l'as pour tous ces petits branleurs du métier et le plus souvent oublié par les phagocytes derniers venus dans le monde ferréen qui ne se sentent plus de gonflette…

Sinon les évoquer ici en quatre lignes, je m'interdis de rentrer dans le marécage de ces jugements défavorables – et pourquoi ? par dépit de n'avoir pas vécu la belle aventure ? – de proches de Léo qui, du temps de Marsan pas encore nés, ou à peine, réinventent pourtant l'histoire à leur convenance, allégations non étayées mais hélas reprises par le chœur des petits bonzes du jour en mal de copie.

Trop souvent oubliée cette oreille exceptionnelle aux infaillibles jugements que fut Richard Marsan, d'une extrême importance pour l'œuvre et la carrière de notre Léo – si par extraordinaire, on sait jamais, toi t'as le numéro du portable de Ferré en son là-haut, demande-lui donc ce qu'il en pense, lui…

La finesse même, le goût de l'absurde, la pratique de la dérision – je l'ai dit. Mais, derrière le sourire du plus discret des hommes, la lucidité au vinaigre : dans les derniers temps, au moment d'entrer dans la loge du Déjazet disant à Thérèse : « Et maintenant nous allons traverser la cour des Miracles. » Le sens de la repartie assassine pour la beauté du geste, oui, à de nombreuses occasions le plus fantastique fouteur de merde.

*

Peu de temps après le clash de la magique équipe, Marsan vient d'enregistrer *L'Espoir* puis *Et... Basta !*, quand survient un désaccord profond – question pognon, bien évidemment – entre Léo et Eddie.

Pendant l'enregistrement de *Et... Basta !* Richard dit à Léo : « Ton titre d'album est tout trouvé : Frot c'qu'il Frot. »

Pour qui connaît le minimum de l'affaire, le 1968-1973 en question n'est autre que mézigo ; et lui, fou d'amertume de mon lâchage, qui m'assassine !

Je ne lui en veux pas le moins du monde, venant de ses tripes c'était plus que normal, et aujourd'hui ça me ferait plutôt rire. Par la suite, nous n'en avons jamais reparlé.

Léo claque la lourde et, furieux, va en 1975 enregistrer chez CBS un *Ferré muet* (il est encore, jusqu'au 1er novembre 1976, sous contrat d'exclusivité Barclay), suivi par le disque des mêmes chansons avec la voix de Pia Colombo.

Mais, pour Léo et Richard, le cordon d'amitié ne se rompt, ni même ne s'entache, entre ces deux hommes qui s'estiment. Ils se téléphonent et, souvent, Marsan se déplace pour rencontrer son ami en concerts.

À l'exception de l'album distribué en 1979 : *Il est six heures ici et midi à New York*, passent ainsi des années, jusqu'à l'avènement-événement du Compact Disc. Tout de suite et sans plus de façons, en 1985 Ferré donne à Barclay son accord pour un avenant au contrat vinyle. D'abord pour une compilation titrée *La Mémoire et la mer* et pour *La Chanson du mal-aimé* – il est si heureux de se retrouver en compagnonnage avec son Richard !

En novembre 1989 vient le coffret *Avec le temps... 1960-1974, quatorze ans de chansons*, un très long travail de mois et de mois, sinon d'années, qu'on appellera « le pavé » (oui, la taille même d'un gros pavé de 1968), réalisé en communion totale avec le maître. Onze CD, pas moins, 156 chansons plus le long texte de *Et... Basta !*

Le livret de ce coffret ouvre sur la dédicace manuscrite de Léo :

Thérèse Chasseguet, Richard Marsan...
Cette Thérèse compréhensive et généreuse
Ce Richard dans mon cœur depuis trente ans
Ce rivage vers Barclay Polygram
où j'ai pu m'accrocher à ces deux
amis qui m'ont tendu la main
dans l'indifférence multinationale !
Sans eux, je m'endormirais dans
un disque « noir ».
Avec eux, je renais en 1960, revu
et corrigé en 89 par un Robespierre
« compatible ».

Merci, et à demain au TOP de l'Amour.

*

Durant cette longue élaboration, Thérèse est au front en première ligne. Chaque jour, elle l'appelle, tant pour avoir son opinion sur le travail en cours que pour déconner un peu (et, sur ce plan, Léo n'est jamais en reste !). Il la voit lors de ses venues à Paname, à toute occasion elle se rend à l'un de ses nombreux concerts, va tous les ans, plutôt deux fois qu'une, lui rendre visite en sa maison de San Donatino, près de Castellina in Chianti. Comme on dit vulgairement : copains comme cochons.

Suivra en février 1990 la double compilation *Avec le temps...* puis en octobre le merveilleux, le sublime coffret des poètes « maudits » Verlaine, Rimbaud, Baudelaire, Apollinaire – dix mille fois je l'ai écouté, une passion me tient en particulier pour « Les poètes de sept ans » de Rimbaud.

N'y figure pas Aragon (inclus dans le « pavé ») qui n'est pas un poète maudit, lui. Du moins pas pour tout le monde, et surtout pas de même façon.

D'ailleurs, je me souviens de Rennes où, pour trois soirées, Léo chantait à l'opéra du père Nougaro : lors de la première fut méchamment sifflée « L'affiche rouge ». Stupeur ! Une si belle chanson...

Le lendemain à l'apéro, Henri Portier, anar proche de Lochu, me donnera la clé en me refilant un inadmissible poème d'Aragon : « Il nous faut un Guépéou ! »

Tout se trouvait dit. Pendant très très longtemps « L'affiche rouge » ne sera plus chantée en public.

*

Richard Marsan, les planches ont été toute sa vie. D'une étonnante et fort percutante carrière d'artiste imitateur – lequel doit avoir le don de savoir écouter, voir et entendre –, cet animal atypique en a gardé l'acuité.

Après avoir été aussi bien artiste à part entière que « gugusse » et présentateur dans de nombreux cabarets tant parisiens qu'à travers le monde, en fin de course, il sera promu directeur « vraiment » (dira Léo) artistique des disques Barclay. Ses qualités d'écoute, rares, en font le professionnel par tout le métier reconnu et loué, le directeur artistique d'Aznavour, le découvreur de Lavilliers, le conseiller adoré de quelques grands… et avant tous de Ferré.

Naît en 1924 – sous le signe des Gémeaux, ascendant Gémeaux, et c'est pas pur hasard, toute sa vie il sera deux, l'un plus l'autre ; cette originelle dualité serait-elle à l'origine de son incontestable talent d'imitateur ? – un certain Jean Richard qui, avant même d'ouvrir l'œil, tue sa mère.

Cette maman morte en couches fera que, devenu pour tout un chacun le fameux Richard Marsan, bien plus tard, il rétorquera à son assistante et amie Thérèse Chasseguet qui s'interroge sur les divers sens possibles de ces trois vers de « La mélancolie », chanson de Léo Ferré : *La mélancolie / C'est voir sa maman / Chaque fois qu'on s'voit mal…*

« Maman ? Je ne sais pas ce que ce mot veut dire. »

*

En charge d'un nouveau-né orphelin, le Richard paternel le confiera tout d'abord à sa propre famille. Mais, très bientôt remarié avec la frangine de la défunte, il donnera au bébé deux frères et une sœur.

Selon le vœu de papa, ingénieur des charbonnages, viendront bientôt pour le fiston de hautes études d'ingénieur – lui aussi. C'était mal le connaître, cet atypique. Car le jeune Richard ne va pas tarder à changer son compas d'épaule : avec ses potes il fréquente Le Grenier de Toulouse et s'y découvre une vocation de comédien.

Il va s'éclater en cours de comédie où il s'essaie à des numéros d'imitation : il joue les fables de La Fontaine en s'emparant des voix et tics et gestes des Raimu, Sacha Guitry, Louis Jouvet, Jules Berry, de tous les grands de l'époque.

C'est lors d'un de ces cours de comédie qu'il va changer de blase – bien obligé, un illustre Jean Richard lui encombre l'autoroute. Pour une courte scène d'école où une nana nommée Marsan lui donne la réplique, le prof frappe des mains et appelle : « À vous Richard-Marsan. »

Et voilà, c'est alors décidé, que nous est né notre Richard Marsan.

*

Un Richard Marsan qui, très bientôt, va prendre la route des saltimbanques et affirmer sa personnalité d'humoriste : quand il n'est pas le maître de la soirée, il devient celui qui amuse entre acrobate et vedette de la chanson.

Avec un sens étonnant de l'observation parfois trop fine pour son public – mais peut-on le lui reprocher quand la vulgarité court les rues et les planches ? –, d'une impressionnante vérité ses parodies imposent à chacun la certitude d'entendre et de voir – de voir, c'est bien là le comble : la voix, okay ! mais les grimaces, la tronche à s'y méprendre, faut le faire ! – ses têtes de Turc préférées que sont à présent Brassens, Darry Cowl, Bécaud, Trenet, Ferré, Aznavour, Eddie Barclay, mais sans trop les assassiner jamais : ne sont-ils pas, tous, devenus ses amis ?

Encore aujourd'hui espataflé, je me souviens de certaine soirée de fin de resto où, après bouffe à trop bu – bien qu'il s'en défende par pudeur, c'est à lui que Léo dédiera la chanson « Richard », tant il est vrai que certains soirs, ayant mis son nez rouge, il charriait plus qu'un peu –, s'étant largement pochtronné il se dressa et, sa douce voix naturelle devenant artificiellement chargée, nous donna, le trio, en spectacle, Léo, Popaul et mézigo, une géniale parodie d'une prise de bec. Le son et le ton de la voix, l'accent, les tics de langage, gestes et mimiques de chacun des trois, tout y était – moi, sur le cul, ça me faisait poiler en même temps que me glaçait de me voir ainsi déshabillé.

Comme il se plaisait à dire « En empruntant la voix des autres je cherche ma voix », je n'ai pas été autrement étonné de le voir un soir lui-même s'imiter !

Tout clown a sa part d'ombre.

*

Ce con, lui aussi l'a fallu qu'il dévisse de l'hosto de la Pitié au soir du 8 octobre 1992, la Pitié bien nommée où le viendront visiter, entre autres, Jacques Bedos, Léo Ferré (atterré, sans voix, prostré sur sa chaise), Aznavour accompagné de son inséparable comparse Levon Sayan.

Sur son lit de misère, et à deux doigts de la fin, montrant à l'Aznav sa bouteille d'eau :

— Plus je bois, plus je veux boire.

Charles se forçant à rire :

— Boh, ça c'est pas nouveau !

Outre la famille – Simone sa demi-sœur et cousine germaine accourue du Midi et, fille de Florence

Véran (compositeur, entre autres, de Charles Aznavour), Marianne Mille qu'il a élevée – Thérèse l'y viendra visiter tous les jours (Pascal Nègre, patron de Barclay, lui a donné à cette fin toutes ses après-midi), le plus que souvent en ma compagnie : Richard m'est vieil amigo à moi aussi.

Oh ! que nous en avons eu, des converses ! Des rigolades d'anciens combattants, certes, mais aussi des aveux de sentiments intimes…

J'ai conscience que c'est plutôt blême de s'attarder sur la fin d'un homme, peut-être plus tarte encore d'avouer que, dans ces durs, très durs moments, nous nous sommes bien marrés. En jactant de quoi ? De l'époque reine de Léo, bien sûr, de ce fabuleux travail d'affectueuse équipe.

Il avait dit cent fois à l'adorée Thérèse :

— Un jour, j'écrirai un bouquin : « Trente ans chez les monstres. »

Un dimanche, alors qu'on en vient à parler des stars, ces « monstres », je lui fais :

— Toi-même, n'es-tu pas un monstre ?

Et lui, dans un de ses larges sourires :

— Sais-tu que toi aussi, à ta façon, tu es un monstre ? Quand, souvent, je me retrouvais avec vous deux Léo, il me semblait (il rougit) que j'étais en compagnie de Sartre et de Camus !

Thérèse lui avait offert baskets, blouson, jogging pour qu'en ses déplacements il n'ait pas l'air d'un plouc. On revenait tous trois de sa séance de radio-machin, lui devant se traînant, mais digne, quand se retournant (voix d'acteur) :

— Ah ! c'est plus le Marsan que nous avons connu !

*

De A à Z réglée, avec Simone, par l'implacable régisseuse qu'est, de nature, la Thérèse toréador – qui aura accompagné son Richard jusqu'au décollage –, c'est en l'église Saint-Roch, le 13 octobre 1992, une cérémonie d'obsèques pas comme les autres : un concert d'orgues et cantatrice, simplement, somptueusement. Tout ce qu'aurait aimé ce cœur limpide, un vrai concert, un de plus, le dernier, à la mesure du Marsan intime.

Saint-Roch archibourré taille vedette. Notre ami Maxime, fier pianiste, se penche vers moi : « Là-haut, il doit se dire : j'aurais jamais cru faire autant de monde ! » Aznavour est là présent, venu tout exprès de New York avec son alter ego Levon Sayan. Ferré, qui le jour même entre à l'hosto (bonjour le hasard !) s'est fendu d'un énorme pacson de roses qui dit sans un mot tout ce qui les unissait.

En première partie, ainsi dit-on au music-hall, comme un rappel des anciennes performances du Marsan jacteur, dès après les fanfares d'ouverture, le ton est donné par l'homélie de Roland Letteron, aumônier des artistes – et, à l'occasion, artiste lui-même.

La veille nous l'avions rencontré, Letteron, avec Thérèse et Simone – qui, elle, n'avait que peu connu notre Richard (tu parles ! cet oiseau toujours en cavale !) et par convenance tenait, sur cet être hors conventions, des propos certes émouvants mais par trop conventionnels.

J'ai fini par péter les plombs : « Vous voyez, monsieur l'aumônier, à ma main ce sac plastoc ? Ce sont ses souliers, au Marsan, que nous venons de lui ôter à la morgane. Depuis deux plombes, à bout de bras padim-padam je marche à côté de SES pompes. Comme il n'a cessé de le faire, lui, quand, se retrouvant veuf de la scène et de ses bravos, verre après verre et tard la nuit, il chaussait son nez rouge et, voix fortement chargée, apostrophait violemment, très, une victime choisie au flan... Sidérée, l'assistance : son dernier public... Je me souviens d'un soir au resto du Don Camilo, le bouc émissaire se trouvant être l'alors célébrissime animateur de l'émission « Campus » sur Europe 1, Michel Lancelot – ce soir-là vêtu de bloudjins : "Hé ! pauvre mec, qu'il lui crache, le Marsan, tu veux te faire passer pour un ouvrier !" Et vas-y que je te l'escagasse... Richard s'étant retiré pour une pissette, un Lancelot défiguré se plaint à nous : "Pourquoi ni l'un ni l'autre n'êtes-vous intervenus ?" Embarrassé un max, Léo : "J'étais plus là, j'étais au spectacle..." Excuse-moi, Simone, il fallait le dire. »

*

Saint-Roch, ouvre Letteron :

« Pour parler de vous, Richard, peut-être faut-il évoquer d'abord ce jeune artiste gourmand, au jardin du spectacle voulant mordre dans tous les fruits, de la musique à la comédie. C'est derrière un nez rouge que se cache le cœur de tous les artistes.

« Imitateur, vous étiez pour entrer dans l'habit de l'autre, pour mettre un masque – qui ne se grime pas ?

« Quand le rideau tombe avec les bravos et que s'éteignent les projecteurs, derrière le rideau c'est la nuit... les réalités de la vie.

« Alors, sur ces chemins nocturnes, où aller ? Quand il n'y a pour issue que de l'espoir perdu et qu'on ne sait pas encore que c'est l'espérance, c'est-à-dire le désespoir surmonté. Alors on n'est vrai qu'avec des amis de passage, nouveau public éphémère, rien qu'un furtif sourire qui fait rêver à la communion des bravos. »

*

Il est pour l'éternité mussé sous un marronnier du cimetière Montmartre où, deux fois l'an, nous venons, Thérèse et moi, balayer feuilles et piquants, reverdir son dernier gîte – « Richard, ça va ? »

Avec son Montparnasse à déconnantes, Montmartre son refuge, sa passion, son vrai lieu de vie.

Gravé dans la pierre qui lui tient lieu d'oreiller :

Jean Richard
dit
Richard Marsan.

Léo Ferré
l'étang chimérique
mauricefrot

21

LES THURIFÉRAIRES

Souffrir de la solitude est un mauvais point.
Moi je n'ai jamais souffert que de la multitude.

Nietzsche

Ils sont quelques-uns comme ça qui, sur le dévers de sa vie, à Léo, ont su et savent toujours en virtuoses lui balancer l'encensoir.

Quelques-uns qui se font dorer la pilule en révélant dans leurs écrits, sur de fallacieux on-dit, les sources inspiratrices de certaines de ses chansons – bruits de chiottes ou de coulisses, quand ce ne sont, à leur décharge, les confidences truquées de l'idole pour se dédouaner de quelque sombre carabistouille.

Quelques-uns encore qui, sur une humeur ou un caprice du maître, acceptent de gommer, à la Staline, tel ou telle sur la photo de famille.

Quelques-uns enfin – mais je dois en oublier – qui, sous une épaisse couche de respect, se targuent d'être les dépositaires sacrés de la pensée ferréenne.

Oui, ce Léo qui jamais n'a appartenu à quiconque ni à que dalle est bien leur propriété exclusive – défense de rigoler ! Et vas-y que je te ponds dans le nid de l'aigle délirants articles sur articles, un bouquin poussant l'autre ça vous fait toujours briller les châsses... et rentrer un peu de fraîche prise sur les endosses de ce bon couillon.

Que je dise sans plus attendre que tout cela ne me regarde pas, je n'ai rien à y voir – sinon à en penser –, oui tout cela me laisse froid. Chacun son truc, n'est-ce pas ? Mais personne ne peut m'empêcher de rire.

*

Les biographies à prétentions savantes sont trop souvent des entreprises hasardeuses d'imprudents qui se lancent à vouloir analyser, presque au mot à mot, l'œuvre d'un poète, sans rien connaître de lui ni des coulisses de sa vie intime, ni de son folklore personnel, ni de son argot à lui.

Et tout ce que l'on passe sous silence par manque d'interprétation ! – pour ne pas même parler de la simple méconnaissance du vocabulaire de base : c'est ainsi que, pour gin-fizz, j'ai sursauté sur un « gin-fils » !

Que n'ont-ils lu l'admirable article de Philippe Sollers à propos de De Quincey : « Le sujet humain est formé d'une puissante et essentielle solitude... Des années d'existence peuvent avoir moins d'importance qu'un moment fulgurant... Nous passons, nous oublions, nous ne voulons pas savoir en quoi chaque individu flotte sur un abîme, son aventure avec les mots, la lecture – sentiment de présence musicale et verbale constamment niée par le bavardage social... Les moindres choses dans l'univers doivent être des miroirs, secrets pour les plus grandes... Avant d'être moi, je suis un réseau de réseaux, un enchevêtrement de chemins qui ne vont pas forcément quelque part... Comme tout grand écrivain, De Quincey est une société à lui tout seul... Toujours établies par et pour ceux qui ne connaissent ni ne connaîtront jamais le très-intime, le ce-qu'on-ne-dit-à-personne, les biographies présupposent l'admiration comme norme. Seule l'œuvre a de l'importance ? Mais non. Seule la vie ? Mais non. Les deux sont inextricablement liées, et c'est cela qui effraie. »

*

Il faut une très grande naïveté – qu'encourage le poids du mythe – pour croire à l'exclusivité des « confidences » recueillies auprès d'une star.

Très sollicité durant ce qu'on a appelé sa grande époque, Ferré ne pouvait, d'évidence, renouveler sans cesse ses dires : il n'y attachait d'ailleurs aucune importance. Des formules éprouvées, c'était pratique. Sans plus d'effort, il se débarrassait de corvées jugées nécessaires, c'est tout.

Doué lui-même du talent d'éblouissantes trouvailles – à l'écoute attentive de ses chansons, c'est du tout-vu –, il ne crachait pas sur les bons mots venus d'ailleurs. Une de ses mines : nos permanentes discussions tous azimuts à trois, toujours très intimes et plus que souvent vives – tous les jours nous refaisions le monde.

De son propre aveu – il ne s'en cachait certes pas, fier qu'il était de pousser en avant ses frangins –, ces riches échanges d'idées ont assez souvent été à l'origine des reparties qu'il balançait dans son pas si facile rôle d'artiste sur la sellette.

Par extrême facilité – en douce, tout ce cirque le faisait gerber –, il avait même une fâcheuse tendance à se répéter inlassablement. Moi qui devais veiller à son image publique, combien de fois après coup lui en ai-je fait la remarque en riant : « Encore une déclaration en prêt-à-porter ! »

Facile aussi à dire : j'étais pas à sa place.

*

Ainsi des formules toute faites comme :

« La musique est une longue patience, du cruciverbisme. »

« Il n'existe pas de grandes musiciennes femmes. »

« L'improvisation dictée... je suis dicté... »

Ses favorites ? Sans trop se répandre n'en vlà quelques autres :

« Le mal de mer de Debussy. »

« Nietzsche pendu au cou du cheval battu de Turin. »

« Quand vous me verrez positivement (Léo insistait fort sur ce mot qui l'enchantait) manger de la merde, vous pourrez dire que je ne suis pas cher à nourrir. »

« À partir d'un certain chiffre, tout le monde écoute. »

« Ils sont sales dans la tête, ils sont propres dans la rue. »

« La bourgeoisie, c'est dans la tête, c'est penser comme tout le monde. »

« L'art, c'est fasciste. »

« La bêtise, ça m'emmerde. »

« La gauche, c'est la salle d'attente de la droite. »

« Le Diable, personnage extraordinaire... Dans notre monde, tout ce qui nous est bon vient de lui. »

« On meurt de la connerie. Y a trop de cons. Faudrait les stériliser. Parce que les cons font des cons, évidemment. »

Quant « au drapeau noir qui n'est encore qu'un drapeau », il se trouve que l'idée m'en était venue au lendemain de la cérémonie commémorative du centenaire de la Commune où, au cimetière du Père-Lachaise, devant le mur des Fédérés de jeunes anars avaient symboliquement piétiné leur drapeau noir ; idée qu'il s'approprie, mon Léo, et ne cesse de répéter ; j'en étais pivoine de bonheur : c'était à moi de lui dire merci – « comme pour la jupe à ras-le-bonbon » de « La the nana » piquée dans mon *Nibergue.*

De même le mille fois ressassé : « Mai 68, la révolte de l'intelligence » qui est dû au fin Popaul.

*

Oui (d'après l'encore et toujours sublime Jean Giono), une très grande aptitude à la dissimulation. Et pas spécialement à son profit : il ne s'en sert que pour cacher une très grande partie de lui-même : la meilleure – sa fragilité, son innocence, ce qu'il appelle ma connerie. Les rapports avec lui s'en trouvent faussés, du moins pour les imprudents, les inconditionnels, les godillots.

D'une timidité farouche qui l'amène à ouvrir grand sa gueule, surtout après son statut de star – anagramme de tsar ! – dès qu'il se rend compte que ça marche, qu'on y croit, que ça le protège.

Il réussit à donner de profondes satisfactions de fatuité à ses hôtes – qui en sont si friands. Il peut tout imiter à la perfection : joie, colère, intérêt, satisfaction, aménité, générosité même. Tout. À s'y tromper. Peut offrir de la fraternité comme du café. Par jeu, toujours. Par une sorte de perversité, peut aller jusqu'à laisser bâiller certains défauts de sa cuirasse.

*

Lassitude ? rien à foutre ?... Moi j'y crois pas vraiment, mais dans sa toute dernière époque, mon Léo a donné l'impression de se laisser aller à ressembler à l'image que ses phagocytes favoris se faisaient de lui – tout comme les gauchos argentins en sont venus à copier ceux du cinoche et de la littérature.

Tout cela pour dire quoi ? Qui, que, quoi, est à qui ?

« Nul n'est propriétaire, les paroles qui s'envolent appartiennent à tous » – c'est bien mon avis.

Mais, Lyautey, vous connaissez ? : « Quand j'entends devant moi, qu'il a dit le maréchal, les claquements de talons du garde-à-vous, j'entends les cerveaux qui se ferment. »

22

« ÉCRIRE N'EST RIEN »

Écrire, se regarder écrire,
écrire encore à partir de ce regard
– comme à l'infini entre deux miroirs.
Impossible d'écrire sans vivre,
impossible de n'être que littérature :
c'est bien là le tourment du griffonneur.

Bernard Pingaud

En juin 1992, dès le premier soir de notre séjour à Castellina où m'ont embarqué Thérèse et François, Léo me refile tout fier le *Benoît Misère* qu'il a réédité sous son label « Gufo del Tramonto » (Hibou du Couchant).

Bien qu'il soit très tard, je ne peux résister, m'y plonge, et passe quasiment la nuit dessus : oui, j'en tombe sur le cul.

Au café du matin, tout de suite je chope mon Léo :

— Dis donc, camarade cachottier ! Ton texte d'intro, j'ai flashé dur : le verbe s'est fait chair, mais la chair doit retourner au verbe, hein ? Y a là de quoi tirer un truc superbe pour la scène.

— Eh bien, mon Macoute, facile : comme tu l'as déjà fait, y a des lustres, pour *Préface* et puis quoi encore ? tu t'y plonges avec les ciseaux de ton senti et tu me fais une proposition…

Deux jours plus tard, je rends mon pensum.

*

Écrire n'est rien
Oser le faire implique cette mémoire multipliée
Et mille fois anonyme
Cette voix du dedans
Qui est la voix de mille autres voix
Qui crient derrière les portes
De l'absurde pour quelques-uns
De l'éternité pour tant d'autres
Ne plus penser c'est être Dieu
La véritable littérature nous vient du silence

Longtemps j'ai imaginé que penser était noble
C'est froid et les bibliothèques
Ne sont pas des frigidaires
Je n'existe que pour mieux m'extasier
Devant tout ce que j'invente
Quand je vois un peuplier
C'est moi qui le fais à l'instant même
Et il meurt dès que je meurs à lui

Le temps des hommes n'existe pas
Il n'y a de vivace
Que le temps de ma folie

J'ai été cheval avec une voix de mezzo-soprano
Et je n'aimais que le chant grégorien

J'ai été paquet de cigarettes
Dans un compartiment de non-fumeurs
À mesurer mes chances
Être mégot c'était là ma folie
Qu'il reste quelque chose de moi
Pas seulement de la fumée non

Un cadavre étiqueté reconnu
Je suis mégot pour l'éternité

J'ai été source avec des idées champêtres
Et des goûts sédentaires
Et me voilà perdue dans l'Atlantique
Perdue mais vivante
Je m'appelle Source

J'ai été tramway
Et j'ai sombré dans la ferraille
Moi qui n'avais de perche
Que pour la tendre aux amoureux au terminus
Quand on leur crie justement Terminus

J'ai été laine sur un mouton
Et fini mes jours en un matelas
D'un admirable artiste qui fait l'amour
Deux trois dix fois par jour
Jamais avec la même femme
Toujours avec moi
Au moment où les étoiles ne se comptent plus
Quand les corps plient sous la rage
Que la fille gueule
Dans la seule langue du monde possible
Lorsque s'ouvrent béantes
Les seules portes de secours
Qui ne grincent jamais
Alors je me repose dans ma petite laine

J'ai été papier d'emballage
Avec de la corde me tenant bien serré
Comme une femme tient ses bas très haut
Se sentir adorablement coincé
Pris au piège du chanvre ou de la soie
C'était là mon souci
Le seul

J'ai été la une d'un grand quotidien du soir
J'ai annoncé la guerre de 14
L'arrestation de M. Landru
La dévaluation de M. Poincaré
Bref j'en passe

J'ai été Rockefeller
J'ai été rail de chemin de fer des premiers
De ceux qui regardaient passer les vaches
J'ai été maquerelle dans un bobinard d'Alger
J'ai été j'ai été je suis tout

Je suis toi, passant, du boulevard des Italiens
Avec la néphrite qui te travaille
Je suis vous mademoiselle du Café de la Place
Vous dont j'invente la jarretière
Patiemment arrimée ce matin quand pressée
Vous mîtes une pièce de vingt sous
Pour tendre le bas sur votre jambe frileuse
Car le bouton de votre minutieux appareil
Avait cédé
Je suis toi mendiant des supplices
Avec ta gamelle à sonnaille
Je suis toi monsieur le ministre du Travail
Qui sue la nuit je ne sais quel humide remords
Qui te rend fat précis et malheureux
Je suis toi soldat-musette
Je suis toi le chien d'aveugle
Toi le chien de riche
Je suis aveugle et riche et me crève
Ce qu'il me reste d'yeux dans la bouche
Dans le nez dans les oreilles et dans les mains

Et je ne suis plus
Qu'un écrivain qui écrit.

*

De juin 1992 à juillet 1993, c'était un peu court, il ne pouvait y avoir de suite. En rade, ce pur joyau de son génie et de mon rêve, aux oubliettes !

louis aragon
paroles
léo ferré
musique
TU N'EN
REVIENDRAS PAS

23

TESTAMENT PHONOGRAPHE

Il y a toujours énigme en poésie.
L'obscurité peut, parfois,
venir de l'insuffisance du lecteur.

Guy de Maupassant

Il y a des gens qui trouvent tout obscur,
fors la platitude.

Jean Moréas

Prof de linguistique, passionné de langages et proche de Pierre Guiraud – ce maître linguiste initiateur du structuralisme –, notre complice Louis-Jean Calvet constate en souriant : « Il est clair que pour son "Testament phonographe" Léo s'est inspiré du *Testament* de Villon, et pour la forme (prosodie octosyllabique) et surtout pour cette libre et directe parole crypto qui n'est intelligible qu'à son destinataire. Comme il est évident que, pour sa préface à ton *Roi des rats*, c'est le *Saint Genet, comédien et martyr* de Sartre qui l'a branché. Mais pourquoi pas ? Et Proust ? qui, prenant quelques lignes du texte d'un autre, en faisait, a-t-il dit, naître ondes et échos pour en tirer enfin la substance intime de sa propre pensée. »

*

Ne t'en déplaise, camarade aventureux qui a accepté de m'accompagner dans ce peut-être un peu trop tortueux cheminement, notre Macoute partage avec d'autres – je pense à Popaul et à Grooteclaes – partage avec d'autres, donc, l'honneur d'avoir eu sa large part de legs :

À Popaul le bigleux total
Je cède mes yeux du dehors
Pour voir Ludwig et ses quatuors
Ou l'orchestre de Parsifal
Je lui donne aussi l'œil du do
Le rétroviseur à Descartes
Celui qui lit sur les pancartes
Où il n'y a le moindre mot.

À Grooteclaes le photo roi
Je laisse un peu de mon passé
Une paire de mathonets[1]

Pour son guignol alpha liégeois
Je lui cède aussi pour pas cher
Une amitié d'anthropoïde
C'est tout ce que j'ai de valide
À lui fourrer dans son gevaert.

*

À toi Maurice de Clichy
Un Decazeville d'azur
Et puis de quoi faire le mur
Et te carrer la galaxie
Un Titard dans la mare aux cons

1. Mathonet : directeur du Théâtre 140 à Bruxelles.

De quoi te passer tes dimanches
Dans ces maisons où l'on s'emmanche
Dans le silence du béton

Maurice du blanchet pourri
Souviens-toi du plumeau gelé
Et de ma main du charbonnier
Et de ma foi d'anar en noir
Sur cette offset à la voix off
Nous imprimions nos infortunes
Ô Maurice à Pershing la lune
Avait la gueule d'un sous-off

Tu perforais de l'acajou
Dans la mémoire d'un chalut
Quand tu partais faire le cul
Histoire de faire des sous
Ô mon Gaspard des royautés
Ô mon frangin du dix-septième
Quand je te filais mes problèmes
Derrière ton contreplaqué

Arnay-le-Duc hardi les freins
Alors que nous sortions de scène
Ô trente tonnes d'une veine
À ne plus croire à son destin
Je te laisse Arkel de Lyon
Ses promenades jacobines
À déguster la miss urine
Pendant que nous en écrasions

À bientôt Maurice en enfer
Pour un gala non déclaré
Le diable ne sait pas compter
C'est le Ché qui fait ses affaires
Vers minuit nous irons draguer
Dans le cercle des Proserpine

Où l'amour n'a pas bonne mine
Et s'enflamme pour un baiser.

*

Et déjà la trahir, j'arrête pas de le répéter. Mais, bien que contraire à mes vues, comme il s'agit ici de mézig, à ton intention – et pour exemple – je faillis une dernière fois :

– « À toi Maurice de Clichy » :

Quand nous nous sommes connus, j'habitais Clichy-la-Garenne.

– « Un Decazeville d'azur » :

Je suis né à Decazeville, en « Pays Noir » de l'Aveyron.

– « Le mur » :

Le mur à moitié éboulé du jardin que je venais d'acquérir à Château-Landon (patrie de mon paternel) pour y bâtir clando ma case à week-ends, ce mur catastro que je m'échinais à remonter.

– « La galaxie » :

Léo était très impressionné par ma facile lecture des étoiles. Pas un don, non, mais le virus qui me tenait depuis mon enrichissant passage aux Éclaireurs.

– « Titard » :

Nom du patron de ma boîte de contreplaqué.

– « Le béton » :

Plus tard j'ai habité en HLM à Colombes. Léo y est souvent venu bouffer et dormir : « C'est très chouette, chez toi, on y oublie le béton. »

– « Le blanchet » :

Feuille de caoutchouc intermédiaire entre plaque gravée et papier. Élément essentiel de l'imprimante offset, très délicat, le blanchet vous colle sans prévenir des tas de problèmes, nous en venions à le haïr !

– « Le plumeau gelé » :

C'était l'hiver, nous imprimions jusqu'à des passé minuit où je le voyais partir pour chanter Chez Plumeau, un cabaret montmartrois.

– « Ma main du charbonnier » :

Malgré la pierre ponce des traces d'encre sur ses paluches, ce que j'ai dit.

– « Pershing » :

Léo habitait alors au 28 du boulevard Pershing, tout près de la porte Maillot.

– « La lune » :

Qui, au vrai, est un soleil, mais ce devait être pour la rime. Il s'agit d'un dessin pour le petit format de « L'été s'en fout », un soleil en coin dans lequel j'avais croqué ma gueule rigolarde et moustachue.

– « L'acajou perforé » :

L'une des spécialités de ma boîte. J'en avais chouré un pacson pour revêtir les combles sous lesquels était installé notre atelier de labeur, on peut l'avouer, y a prescription. De même j'en expédierai quelques années plus tard deux trois colibars à Pech-Rigal pour l'aménagement de notre imprimerie.

– « Chalut » :

Un court temps, j'ai joué au marin-pêcheur à Boulogne-sur-Mer, à bord du chalutier *Bernadette.*

– « Mon gaspard des royautés » :

En argot, rat se dit gaspard. Allusion à mon *Roi des rats.*

– « Du dix-septième » :

Le boulevard Pershing est situé dans le dix-septième arrondissement de Paris.

– « Arnay-le-Duc » et « Ô trente tonnes d'une veine » :

Une nuit d'hiver très caillante, nous rentrons sur Paris à des pas d'heure d'un gala à Montceau-les-Mines. Léo à mes côtés, je conduis mollo dans le pas commode, Popaul et Le Ché nous suivant de près.

Dans la rude descente qui mène à Arnay-le-Duc, passé le virage en angle droit où deux fois coup sur coup Isabelle Aubret s'est rétamé le portrait, tous freins morts un trente tonnes nous beugne au coin gauche du cul mais, par chance, s'en tient là et nous double en hurlant. Sous le choc éclatent les vitres, toutes, de notre break ID 19. Je stoppe sec. À la place du Maure, Léo se paye au cou un léger coup du lapin et tout de suite : « Tu vois, Maurice, c'est ainsi que l'on meurt. »

Derrière nous, la R5 du Ché s'est prise le premier gadin qui, par fait exprès, l'a envoyée paître en travers d'un passage à niveau. Par la suite, grosse rigolade : Le Ché étant venu vers nous aux nouvelles, voilà que surgit le garde-barrière, ouvre la portière de la R5 et, à Popaul :

— Foutez-moi le camp ! Illico presto !

— Ah oui ? Et comment ? Je suis aveugle.

– « Arkel de Lyon » :

Pour quelques soirées au Théâtre des Célestins à Lyon, le couple Ferré se la faisait belle en grasses matinées dans un hôtel de la place des Jacobins. Chaque matin, je passais prendre leur bon gros saint-bernard fétiche Arkel et l'emmenais en d'interminables pissettes.

24

MON CONDITIONNEL DE VARIÉTÉS

L'ordre est le plaisir de la raison ; mais le désordre est le délice de l'imagination.

Paul Claudel

Mille excuses, mais je ne suis qu'un ptit scrivaillon de variétés et ne puis guère parler à l'aise de ce peu croyable « à-côté » des choses auquel je ne connais foutre rien – car je ne voudrais pas que des malveillants voient là matière à se moquer de ma crédulité (pour ne pas dire plus).

*

Comme si je te disais qu'un soir de septembre à Guesclin où nous serions allés, avec la Raymonde, chez les Ferré prendre le large, l'ami Serge Arnoux nous y ayant rejoints aurait proposé, féru qu'il en aurait été, une séance de table tounante. Que, bien que réticents, mon Léo, et plus encore ma Raymonde, la Mado aurait emporté le morceau.

Comme si je te disais qu'à la nuit tombée nous nous serions retrouvés, à sept comptées les deux servantes, mains écarquillées à touche-touche autour de la table. Que, Madeleine menant le jeu, très vite se seraient manifestés craquements incessants, soubresauts, tangage de la très lourde table de chêne. Qu'à l'invocation des esprits habitant la vieille maison un bruit assourdissant aurait ébranlé le plafond.

Comme si je te disais que, pour finir, sur l'invocation d'Arkel le saint-bernard – enterré juste en face dans le massif de fleurs – des cloches (qu'on n'aurait jamais, au grand jamais, ouïes ici, à Guesclin) auraient sonné les douze coups de minuit. Qu'aussitôt derrière elles auraient surgi les tumultueux aboiements d'une meute de saint-bernard – allant, crescendo decrescendo, de Saint-Malo vers Cancale – qui, déchaînés, intenses, concrets, nous auraient tous secoués.

*

Comme si je te disais que Marie-Christine m'aurait confié que, pour un léger récital de soutien à l'atelier de peinture de San Giovanni Val d'Arno, proche de Castellina, rendez-vous aurait été convenu, à dix-neuf heures, en un lieu évident pour tous : devant le portail du cimetière situé en bordure de la route que presque journellement traçait la Marie. Qu'à sept heures, tous deux, Marie et Léo stand-by, à n'y pas croire auraient entendu retentir à l'intérieur du camposanto la sonnerie d'un téléphone. Que Léo aurait dit alors : « C'est la mort qui nous téléphone. »

Comme si je te disais qu'après concert et libations, les aurait accueillis chez eux la mine allongée de Danièle – la sœur de Marie, avec Ennio mariée et tout près de là établie, à l'habitude ce soir-là en garde de la maison et des enfants. Que Danièle leur aurait dit à pas feutrés qu'elle avait de mauvaises nouvelles. Qu'à sept heures pétantes, elle aurait eu coup sur coup deux appels annonçant, l'un, la mort de l'ami de toujours Georges Mazars, le second, la mort d'un proche parent de Léo.

*

Comme si je te disais qu'au lendemain des funérailles de Richard Marsan, nous nous serions rendus, avec Thérèse et Simone, la frangine de Marsan, qu'avait les clés, en sa piaule de la Défense. Que, parmi le foutral bazar d'un invraisemblable capharnaüm de vieux garçon – où nul avant nous n'aurait posé les pieds – m'aurait halluciné, entre autres, un extravagant, énorme et pas croyable tas de paquets de Gauloises froissés une fois vides, à main gauche près de son cosy – jeu, manie, fantasme ? Chez cet être hors normes, va savoir…

Comme si je te disais que l'année suivante, venant à l'accoutumée fleurir sa tombe à Montmartre, nous serions tombés, Thérèse et moi, interdits, devant un paquet de Gauloises froissé à gauche de son chevet.

Comme si je te disais qu'à quelque temps de là, se pointant à la nuit dans sa maison du Midi, Thérèse aurait trouvé à l'aplomb de sa boîte à lettres un paquet de Gauloises froissé – pour témoin son mari François. Qu'elle m'aurait sonné matin à Château-Landon pour m'apprendre la chose. Qu'elle aurait ajouté : « Descends vite à la porte de ton jardin, je t'attends. » Et qu'entre porte et lavoir j'aurais effectivement ramassé quoi ? Un paquet froissé de Gauloises.

*

Comme si je te disais qu'en été 1994, un an après l'envol de l'albatros, en visite de toujours vive amitié avec Thérèse et François, Marie-Christine nous aurait conduits, à peu de là, en sa grande maison rénovée de Poggio ai Mori où elle aurait à chacun attribué sa chambre – toutes au premier étage sous les toits et sans plafond. Que sur les trois plombes du mat' j'aurais été réveillé par le fracas d'une pluie diluvienne tambourinant les tuiles au-dessus de ma tête. Que j'aurais pensé alors : « Chouette ! depuis des semaines qu'on l'attendait. »

Comme si je te disais qu'au matin j'aurais retrouvé au café mes deux amis la mine défaite. Que, devant mon sourire, ils m'auraient demandé : « Tu n'as donc rien entendu cette nuit ? » Que j'aurais répondu : « Si, la grosse pluie sur les tuiles. »

Que François m'aurait alors rétorqué « La pluie ? Tu rigoles ? Quand j'ai fini par me tirer du pieu, rompu, atterré, brisé, comme tu le dirais, foutu poète invétéré, la lune buvait les étoiles... Viens donc un peu voir ma guinde devant la porte, encore grise de poussière. »

Comme si je te disais qu'ils m'auraient alors raconté leur nuit infernale. Qu'à trois heures des coups sourds venus d'en dessous les auraient réveillés. Que sitôt lumière allumée les coups cessaient, sitôt éteinte ils reprenaient, ébranlaient leur chambre, et ce jusqu'aux premières lueurs de l'aurore.

Comme si je te disais que j'aurais alors pensé « Serait-ce un signe de Léo ? Merci compagnon, moi tu me l'as fait en douceur. »

*

Mais je ne suis qu'un modeste scrivaillon de variétés, alors je ne t'ai rien dit.

25

LA PAGE BLANCHE

La mélancolie,
c'est le bonheur d'être triste.

Victor Hugo

Dans un monde sans mélancolie,
les rossignols se mettraient à roter.

Cioran

Le Monde du 19 juillet 1993, Robert Belleret :

« L'anar chantant est mort. Quatre mots assassins à vous faire chialer tant et plus. Avec le temps, c'est donc ainsi : Ferré passant l'arme à gauche tel jour, telle heure, en telle année, ce n'est pas un chanteur qui s'en va, c'est la chanson qui meurt un peu, beaucoup, insupportablement. »

Le Canard enchaîné, Yvan Audouard citant Brassens, « les morts sont tous de braves types » :

« Léo Ferré est en train d'en faire l'expérience. Voici maintenant que les politiciens sont devenus subitement libertaires. À partir du moment qu'il est mort, il a cessé d'être dangereux. Mais ce n'est pas en le couvrant de fleurs qu'ils se débarrasseront de lui. Il n'a pas fini de les emmerder. Il commence. »

Le Monde, Pierre Lepape :

« La violence du sarcasme paraît le garantir contre les tentatives de récupération. Il se retrouve chanteur-poète choyé, fêté, confortable, parfaitement assimilé. Pour peu, le porte-parole délicieux de tout ce qu'il exécrait, de tout ce qu'il combattait. »

Le Canard encore, un dessin de Cardon qui, sous le titre « La culture aimait beaucoup Léo Ferré », fait dire à Toubon, alors ministre de la Culture :

« On peut faire de très jolies petites choses avec l'anarchie. »

Dans le poème « Rappelle-toi » (initialement intitulé « Madeleine »... mais voilà, avec le tabac que faisait la « Madeleine » de Brel... Léo en était furieux !) qui figure dans son premier recueil *Poète... vos papiers* ! ce vers :

Et si tu meurs devant je suivrai à la trace.

Ce qui sera.

Madeleine s'envole de ce monde fin mai 1993 et Léo tient parole : moins de deux mois après, il se fait la paire.

*

La mélancolie fait plus de victimes que le choléra. En vieillissant, dit Cioran, on apprend à troquer ses terreurs contre des ricanements.

Amer, Léo, trop. Notre époque, il ne s'y reconnaît plus. Son Paris, il ne s'y retrouve plus. Ce qui le conforte sans doute dans cette retraite en forme d'exil en sa Toscane profonde – bien que haute et claire – où, loin de tout, il vit à présent depuis près de trente ans avec sa jeune femme Marie-Christine (gaie, fine, vaillante et infatigable petite Marie toujours sur la brèche) et ses trois mouflets devenus grands.

Mais, loin des hommes, la solitude sans cesse, il s'en plaint.

Bussy-Rabutin : « L'absence est à l'amour et à l'amitié ce qu'est au feu le vent : il éteint le petit, il allume le grand. »

*

Cette vie de famille, s'en accommode-t-il encore ?

Ouais. Rassasié – c'est un saltimbanque dans l'âme, Léo. Plus aucune illusion, semble-t-il. Reste une sorte d'indifférence pour l'entourage, le dévouement, le courage.

Il est ailleurs, étranger à ce monde – parce qu'il le veut ainsi.

Le mijotait-il depuis longtemps ? Ça le prend-il d'un seul coup et à la suite de quoi ? Va savoir…

Simulation ? C'est un peu vite dit.

Au moment de franchir le pont silencieux qui mène de la rive de la vie à la rive de la mort, muré dans sa détermination il n'écoute plus le monde extérieur. Attentif à d'autres rumeurs, à d'autres préparatifs, au rite d'autres passeports, il s'abandonne aux bras de la Diablessse. Il sait que là et nulle part ailleurs il trouvera la véritable liberté. Pour le retenir, les remèdes, les prières, les mines et toute votre grâce ne servent à rien.

Borges : « J'imagine que l'homme sent venir la mort et que son imminence le sillonne de lassitude et de lumière. »

Giono encore :

« Je ne crois pas à la diminution des facultés intellectuelles des dernières années. Je suis sûr que la solitude presque totale où il s'est enfermé est d'un aguet constant. J'ai plaisir à imaginer qu'il ne fait qu'imiter les vieillards, jouer la comédie à l'entourage, protégeant ainsi la retraite d'où il dirige son combat pour le dernier bonheur de sa vie. »

Une dernière fois baiser son monde, quoi ! Être le plus fort, çui qu'a toujours eu la main, le plus malignos, l'enculeur.

Mais ses yeux le trahissent, leur vivacité ! Voix légère, il répond avec lucidité, ne déraille pas.

Quand la cigarette Celtique (t'as connu ? la fameuse « gros module », sa compagne de toujours, sa très ancienne et exclusive gourmandise) est retirée de la vente, il en fait un stock énorme, jamais épuisé.

Plus tard interdit de tabac, ce manque de tous les instants n'a pu que compter dans sa décision d'en finir.

Goethe : « Si la vie était heureuse et parfaite, nous n'aurions à y rajouter ni cigarettes ni poésie. »

*

Pour le nouvel an 2000, Marie-Christine envoie à ses amis une des dernières photos de Groot avec, de la main même de cézig (nombreuses ratures comprises, donc brouillon authentique), le court texte suivant – l'en remerciant, je questionne Marie : « Il a écrit ça il y a huit ou dix ans », me dit-elle.

Le 1er janvier de l'an 2000,

Si je vis, j'aurai 83 ans 3 mois et 7 jours. Si je ne vis plus, pour les gens que cela pourra intéresser il faudra faire le calcul avec l'année de ma mort.

De toutes façons, si vous vivez encore vous autres, je vous souhaite bien du bonheur.

Au fait, le bonheur, qu'est-ce que c'est ?

En l'an 2000 on aura peut-être changé de mot, ça arrangera bien les philosophes.

Je pourrais en dire plus, il me faudrait l'antenne jusqu'au 1er janvier de l'an 2000.

Alors ?

Salut !

Léo

C'est bien là une idée qui te ressemble ! Pour tes vœux posthumes, merci camarluche, on s'en souviendra.

Et pour le nouvel an 2001, toujours de Marie une superbe carte d'un beau bleu, un Léo souriant comme aux meilleurs jours, et son message manuscrit en capitales :

La vie est un grand livre écrit par un maladroit, nous on s'en fout on ne sait pas lire. Bises. Léo.

*

26 juin, date fatidique.

Le 26 juin 1956, je lui parle pour la première fois.

Le 26 juin 1993, pour la dernière.

Je suis l'un des derniers à l'avoir vu, je crois, trois semaines avant son envolée pour les étoiles.

Mais, de là-haut, tes étoiles, t'inquiète pas, Léo. Dans nos cœurs demeurent à jamais le sourire de ta voix, dans nos esgourdes les revenez-y de ta musique, avec tes mots à toi et les éclairs de génie de ta pensée foutrale.

Ta vitale source d'inspiration, tu l'as assez clamé : le dialogue avec l'ange – une dernière fois, pour ta vision merci Angie-Ariane. Cet ange, un écrivain fantôme, ton Ghost writer. Toi tu n'étais qu'une main écrivante – t'es bien d'accord ?

Cet ange qui tenait ta plume, tu as donc choisi de le rejoindre ? Dans ton au-delà toujours debout, tu as maintenant l'éternité devant toi pour écrire avec lui une nouvelle page blanche.

Index

AMRIA, 112-113
ANGELI, Maurice, 104
APOLLINAIRE, Guillaume, 43, 189, 222
ARAGON, Louis, 82, 167, 222
AREZZO, Guido (d'), 114
ARIANE, 4, 6-7, 50-53, 163, 257
ARKEL, 25-26, 61, 245, 248-250
ARNAUD, Georges, 65
ARNOUX, Serge, 85, 249
AUDOUARD, Yvan, 119, 253
AZNAVOUR, Charles, 62, 223-227

BABA, 91-92, 105-106
BAËR, René, 45, 61
BARCLAY, Eddie, 22, 25, 35, 43, 58, 81-82, 93, 115, 120-121, 148, 150, 168-169, 220-221, 223, 224, 226
BARTHÉLEMY, Pierre, 37, 50
BAUDELAIRE, Charles, 82, 128, 222
BELLERET, Robert, 17, 49, 77, 107, 115, 175, 180, 185, 199, 253
BENDA, Julien, 55-56
BERGEY, H.L., 185
BERNARD, Tristan, 35
BILL, 174
BIZY, Annie, 83, 89, 99, 105
BONNY, Danièle, 215
BORGES, Jorge Luis, 255
BOULOC, Denys-Paul, 11
BOURDIN, Dominique, 184, 203
BOUTEILLER, Pierre, 167
BRASSENS, Georges, 122, 139-144, 157, 224, 253
BREL, Jacques, 65, 122, 139-140, 142-144, 157, 159, 254
BRETON, André, 23, 55
BRUNET, François, 147-148, 183, 237, 251-252
BULTING, Patrice, 156
BUSSY-RABUTIN, 255

CALVET, Louis-Jean, 14, 16, 119, 197, 199, 201, 203-207, 214, 243
CARDON, Jean, 20, 216, 254
CARLET, Daniel, 150
CASTANIER, Paul, 4, 13-16, 45, 49, 55, 89-91, 99, 108, 111-112, 115-116, 127, 145-146, 148, 155, 165, 167-168, 173, 177-180, 193, 204, 210- 212, 214- 216
CAU, Jean, 141-142
CAUSSIMON, Jean-Roger, 45, 100, 160, 167
CÉLINE, Louis-Ferdinand, 159-160
CENDRARS, Blaise, 47
CHABROL, Jean-Pierre, 119-120
CHAPELAIN, Jean, 219
CHARDONNE, Jacques, 62
CHARLEBOIS, Robert, 167, 173-174, 176, 179, 210
CHASSEGUET, Thérèse, 19, 22, 221, 223

CHEVET, Suzy, 20
CIORAN, Emil, 253-254
CLAUDE, Francis, 63
CLAUDEL, Paul, 249
COBHAM, Billy, 149
COCTEAU, Jean, 39, 139, 209
COELHO, Paulo, 53
COLLING, Daniel, 16, 109, 111, 174, 177
COLOMBO, Pia, 181, 220
CONTE, Claude, 217
COQUATRIX, Bruno, 65, 166
CRISTIANI, François-René, 139-143

DAVRI, Serge, 82
DEFAYE, Jean-Michel, 20, 82, 120
DELEUZE, Gilles, 50
DESTOUCHES, Lucette, 159
DEVAUX, Christian, 150
DIAZ, Marie-Christine, 15, 95-97, 104-107, 113, 182-183, 192, 217, 250-251, 254-257
DIAZ, Danièle, 250
DIDEROT, Denis, 49, 53
DIGOT, Jean, 47
DOPONG, Su, 29
DROIT, Roger-Pol, 50
DRUILLET, Philippe, 168
DUCHAMP, Marcel, 54

FERNANDEZ, Jean, 148-150
FERNANDEZ, Nilda, 185
FERRAT, Jean, 211
FERRÉ, Joseph, 40-42, 161
FERRÉ, Lucienne, 40, 42
FERRÉ, Madeleine, 15, 22-23, 53, 65, 73, 77, 83, 93, 95, 97-98, 104-105, 119, 159, 192, 249, 254
FERRÉ, Manuella, 114, 182-183
FERRÉ, Marie-Cécile, 113
FERRÉ, Marie-Charlotte, 40
FERRÉ, Mathieu, 113, 192
FERRÉ, Odette, 60-62
FILLIOUD, Patrick, 181, 201
FLÉOUTER, Claude, 59
FORNERET, Xavier, 30
FOURASTIÉ, Philippe, 159-161, 168, 201
FRANÇOIS, Jocelyne, 77
FROT, Barbara, 19, 25, 167
FROT, Dominique, 19
FROT, Raymonde, 19-21, 24-25, 182-183, 202, 249

GAINSBOURG, Serge, 48, 139, 192
GAIRRET, Pierre, 109, 111, 116, 173
GIONO, Jean, 55, 216, 235, 255
GOETHE, Johann Wolfgang von, 165, 256
GREEN, Julien, 30
GROOTECLAES, Hubert, 217, 244
GUILLOUX, Louis, 54
GUSTAVE, Anne-Marie, 141

HAAR, Michel, 50
HALLIER, Jean-Edern, 199
HENDRIX, Jimi, 148, 150
HERVÉ, André, 150
HERVÉ, Michel, 150
HIGELIN, Jacques, 203
HUGO, Victor, 48, 187, 253

JEAN Fernandez 148, 149
JOYEUX, Maurice, 20, 108
JULY, Serge, 202

KLEIN, William, 163
KRIVINE, Alain, 9-10, 205

LAMBERT, Henri, 34, 118
LANCELOT, Michel, 155-156, 193, 228
LAVILLIERS, Bernard, 185, 203-204, 223
LELOIR, Jean-Pierre, 140, 143
LEPAPE, Pierre, 49, 254
LÉTÉ, Christian, 204, 211
LETTERON, Roland, 227-228
LOCHU, René, 108, 222
LYAUTEY, 236

MAILLARD 79
MANCERON, Claude, 65
MARBOT, Rolf, 73, 183
MARQUET, Jean-Louis, 56, 217
MARSAN, Richard, 13, 15-16, 22, 53, 166,, 115, 119, 147-151, 168, 171, 179-180, 193, 203, 217, 219- 229, 251
MARTIN, Richard, 180
MASURE, Georges, 185
MAUPASSANT, Guy de, 121, 243
MCLAUGHLIN, John, 149
MEILLANT, Alain, 180
MELVILLE, Jean-Pierre, 163
MICHON, Pierre, 49
MILLE, Marianne, 226
MITCHELL, Eddy, 204
MONTAIGNE, Michel de, 197
MORÉAS, Jean, 243

NADIA, 111
NÈGRE, Pascal, 226
NIETZSCHE, Friedrich, 39, 44, 47, 49, 76, 231, 234
NOUGARO, Claude, 109, 117, 156-157, 211-222

OSWALD, Pierre-Jean, 4, 180

PAVESE, Cesare, 113
PÉPÉE, 48, 53, 76, 83-87, 89-92, 95, 100, 105-106, 117, 185, 192
PÉRET, Benjamin, 23
PETIT, Roland, 26
PHILIPPE-GÉRARD, 61
PICABIA, Francis, 103
PIGNET, François, 204
PINGAUD, Bernard, 237
POPAUL, *voir* Paul Castanier
PORTIER, Henri, 222
POURRAT, Henri, 155
PRATALI, Joseph, 48
PRÉVERT, Jacques, 76
PROUST, Marcel, 243

RAINIER III, 43-44
RAVEL, Maurice, 123, 187
RENARD, Jules, 99
RENAUD, 204
REVEL, Jean-François, 38
REVERDY, Pierre, 44
RICARD, Matthieu, 38-39
RICHARD, Simone, 225, 227-228, 251
RIMBAUD, Arthur, 22, 25, 45, 82, 121, 123, 128, 176, 214, 222
RIPOCHE, Michel, 150
ROSSO, Barthélémy, 20, 43
ROUZIER, Marion, 213
RUTEBEUF, 24, 68, 180

SARRAUTE, Nathalie, 38, 131
SARRAUTE, Claude, 38

SARTRE, Jean-Paul, 47, 226, 243
SATIE, Erik, 55, 190
SAUVAGE, Catherine, 20, 63
SAYAN, Levon, 225, 227
SAYOUS, Nathalie, 11
SEGHERS, Pierre, 82
SERGE, Jean, 213
SOLLERS, Philippe, 232
STARK, Johnny, 93
STREETMAN, Chic, 203-204

TERKI, Mustapha, 198
TOURNIER, Michel, 73
TROTSKI, Léon, 205

VALÉRY, Paul, 81
VANHAECKE, Geneviève, 119, 217
VENTADOUR, Bernart (de), 59
VERLAINE, Paul, 25, 42, 82, 189, 222
VIALATTE, Alexandre, 77
VILLON, François, 243
VITOUS, Miroslav, 149
VITRY, Félix, 13-14, 119, 140
VOLTAIRE, 53, 123

WILDE, Oscar, 22

ZAZA, 105-106
ZOO, 46, 105, 145, 150-151, 153, 166-167, 172, 173, 201

TABLE

Préface 9

Préambule 17

1. La Raymonde 19
2. L'écharpe rouge 29
3. La Nigredo 35
4. La vie d'artiste, c'est parti ! 59
5. Gutenberg sous les toits 65
6. Tu es une île 73
7. L'anarche de Noé 81
8. « Je donnerais dix jours de ma vie » 99
9. Drapeaux noirs 103
10. Forgeron de l'enfer 121
11. Mangiamerda 131
12. Les trois monstres 139
13. Un chien à New York 145
14. Du rififi en concerts 155
15. Cinoche 159
16. Un Léo au plus sombre 165
17. Paroles de Léovangile 187
18. Régisseur de hasard 197
19. Popaul, musique ouverte 209
20. Place à Marsan l'oublié 219
21. Les thuriféraires 231
22. « Écrire n'est rien » 237
23. Testament phonographe 243
24. Mon conditionnel de variétés 249
25. La page blanche 253

Index 259

Cet ouvrage a été composé
par Atlant'Communication
aux Sables-d'Olonne (Vendée)

Impression réalisée sur CAMERON par

CPI
Brodard & Taupin
La Flèche (Sarthe)
en juin 2008
pour le compte des Éditions de l'Archipel
département éditorial
de la S.A.R.L. Écriture-Communication

Imprimé en France
N° d'impression : 48127
Dépôt légal : juillet 2008